KB054266

김정호, 『대동여지도』(1861)

# 조강의 노래
祖江

# 조강의 노래
## 한강하구의 역사문화 이야기

제1판 제1쇄   2019년 11월 11일
제1판 제3쇄   2023년  8월 30일

지은이   최시한·강미
펴낸이   이광호
주간   이근혜
편집   박지현
펴낸곳   ㈜문학과지성사
등록번호   제1993-000098호
주소   04034 서울 마포구 잔다리로7길 18 (서교동 377-20)
전화   02) 338-7224
팩스   02) 323-4180(편집)   02) 338-7221(영업)
전자우편   moonji@moonji.com
홈페이지   www.moonji.com

© 최시한·강미, 2019. Printed in Seoul, Korea.

ISBN 978-89-320-3590-1 03910

한강하구의
역사문화
이야기

祖江
조강의 노래

최시한
강미 지음

문학과지성사

**일러두기**

1.  같은 사항에 대한 정보가 다를 때는 원천 자료를 우선했으며, 널리 읽히는 역사서와 관련 논문, 그리고 '한국역사정보통합시스템' '한국민족문화대백과사전' '컬처링' 등 공공기관에서 운영하는 사이트에 있는 자료를 참고하였다.

2.  근래 잘 쓰지 않는 단어는 괄호 안에 하늘색으로 짧게 풀이하였다.

3.  추가 자료나 부연 설명이 필요한 곳은 본문에 \* 표시를 하고 별도로 제시하였는데, 편집상 같은 면에 제시되지 못하고 다음 면에 배치된 경우도 있다.

4.  역사적 사건이 일어난 날짜는 과거에 사용하던 음력을 주로 썼고, 필요한 경우 괄호 안에 양력으로도 적었다. 단, 주로 20세기를 배경으로 하는 제3장에서는 양력만을 기재하였다.

5.  외국의 인명, 지명 등의 표기는 국립국어원에서 정한 외래어표기법에 따르되, 관용적으로 사용하여 익숙한 경우에는 그에 따랐다.

6.  사진이나 그림 자료의 출처는 책 말미에 밝혀놓았다.

이 책의 목표와 성격에 대해 밝힐 필요가 있어 앞에 적는다.

우선 이 책은 '(지역) 역사문화 이야기' 콘텐츠 창작의 한 모습을 제시하기 위해 지은 것이다.

전자매체(디지털) 혁명은 유례없는 문화 변혁을 가져왔고, 새로이 문화산업을 일으켰다. 그에 따라 매체들이 융합됨은 물론 각종 학문과 예술의 경계들도 흐려지고 있다. 이런 시대에 문화와 관련 산업을 발전시키려면 정보의 종합적인 해석·비평 능력과, 여러 매체로 그것을 재창조하는 창의력이 한층 더 필요하다.

그러나 한국의 교육과 콘텐츠 산업은 그에 관한 관심이 무디어 보인다. 영화, 텔레비전 드라마, 소설, 만화 등과 같이 허구적이고 정형화된 갈래 위주로만 생각하거나, 자료의 마구잡이 나열

5

—대표적인 예가 참고서식 정보 짜깁기이다—을 '창작'과 혼동하는 경향이 있다. 무엇보다 큰 문제는 자료의 심층에 있는, 인간의 내면과 가치의식에 관한 관심이 빈약하다는 점이다. 콘텐츠의 '창작'은 소홀히 한 채 제품을 '제작'만 하려 들고, '문화'는 제쳐놓은 채 '산업'에만 초점을 맞추는 이런 상황에서는 새로운 시대가 요구하는 문화와 관련 산업의 발전을 기대하기 어렵다.

조강은 한강하구의 다른 이름이다. 우리가 여기에 제시한 역사문화 이야기 콘텐츠의 제재는 이 책에서 '조강 권역'이라고 부르는 특정 지역의 역사와 문화, 자연환경 등이다. 물론 이를 다룬 기존의 책이나 영상물은 매우 많다. 하지만 우리는 자료의 요약적 서술에서 나아가 대상과 자료를 바라보는 역사적 감수성, 그 내적 의미와 진실을 그려내는 문화적 상상력 등을 중요시하였다. 아울러 오늘의 독자가 공감할 스토리텔링 방식을 찾고자 힘썼다. 이에 장과 절마다 다양한 인물과 사건을 설정하여 초점으로 삼고, 일정한 범위 안에서 재구성하거나 보충하였으며, 장면으로 '보여주기'와 요약하고 설명하여 '들려주기' 서술방식을 함께 사용하였다. 이는 다중매체로 제작할 경우 각각 화면의 영상과 서술 음성(내레이션)에 해당할 것이다.

이 책의 이야기에는 상상이 개입되고 그 표현도 예술성을 지향하였으나, 우리는 '문학적'인 이야기(서사) 갈래를 염두에 두지 않았다. 문학적 감흥보다 역사와 문화에 대한 깊은 이해를 우선한 것이다. 경계가 흐려지고 장르가 융합하는 시대에 갈래를 엄격히 나누는 게 의미가 적으며 어쩌면 불가능하기도 하나, 굳이 앞서 언급한 구별의 잣대를 들이댄다면, 이 책의 내용은 역사, 문화를 제재로 삼은 '정보적(실용적)' 요소가 지배적인 이야기라 할 수 있다. 허구성의 개입 정도나 사실적 정보의 비중, 서술의 목적 등에 따라 이 책 안에서도 장마다 그 양상이 일정하지 않으나, 이런 이야기는 근래에 싸잡아 '콘텐츠'라고 부르는 것의 큰 부분을 차지하고 있다.

한국에서는 '창작'이라고 하면 문예 창작을 먼저 떠올리고, '이야기'라고 하면 허구성이 강한 소설이나 설화 위주로 생각하는 관습이 있다. 이 책의 이야기는 그들과 거리가 있다. 그렇다고 해서 반대로 여기 그려진 인물, 사건의 외면적 모습이나 정보가 얼마나 실제에 부합하는가, 서술이 얼마나 실제 사실을 객관적으로 재현했는가 따위에 얽매여 읽는 태도는 바람직하지 않다. 그 '실제'라든가 그것의 '(순)객관적 재현'은 분명 지향할 바의 하나이고 여기서도 추구하지만, 끝내 다다를 수 없는 것임도 분명하다. 객관적 사실을 추구하는 대표적 이야기인 '역사'에도 주관성을 띤 역사적 상상력은 개입하게 마련이고, 경우에 따라 그 의미와 재미가 후자에 의해 좌우되기도 한다. 하나의 사실이나 사건의 스토리는 여러 형태로 서술될 수 있고, 거꾸로 그 서술에 따라 사실과 사건 자체의 색채와 의미가 달라질 수 있다. 그런 맥락에서 이 책의 이야기는 그 외적 사실의 인식보다 인물과 사건으로 형상화된 상황과 그 내적 진실의 체험에 보다 중점을 두고 읽기 바란다.

이렇게 복합적이고 장마다 일정하지 않은 성격이 이 책의 통일성을 훼손한다고 볼 수 있다. 이를 수긍하면서 덧붙이자면, 우리는 그러한 점이 오히려 오늘날 역사문화 이야기 콘텐츠 창출의 여러 양상을 인식하고 활용하는 데 기여할 수도 있다고 보았다. 특히 중등학교 교육의 핵심 역량으로 명시된 인식과 표현 능력, 공감 능력, 창의적 상상력 등을 북돋울 방안을 염두에 두고, 통일성이 떨어지더라도 새롭고 다양한 양식의 서술을 제시하는 쪽을 택하였다. 전자매체 혁명 시대가 요구하는 능력을 기르는 방법에 여러 가지가 있겠으나, 우리는 학습자가 자기가 사는 지역의 역사, 문화, 자연 등에 관한 자료를 모아 해석하고 이야기로 재창조하는 활동에 주목했다. 이 책이 잘 활용되어 교육 현장에서 모색하고 있는 여러 '학생참여형 수업' '교과통합 수업' 등의 수업 모형 개발에도 도움을 주었으면 좋겠다.

우리가 이 책을 지은 또 하나의 목표는 조강 권역의 역사와 문화를 널리 알려서 한국의 자주적 발전과 남북통일에 이바지하기 위해서이다. 「들어가며」에 적었듯이, 조강 권역은 '분단의 상처'이며 '외세 침략의 현장'이다.

무릇 강이란 생명과 문화의 터전이다. 한국인이 이 거대하고 아름다운 강과 그 유역의 삶을 잃고 또 잊은 것은, 크나큰 상실이요 아픔이다. 우리는 16세기 후반부터 현재까지의 조강 권역을 배경으로, 나름대로 역사와 문화의 '결정적인 장면'들을 상상하고 사회의 여러 계층과 분야를 다양하게 형상화하여, 그것을 극복하고 또 치유하고자 하였다.

이 과거의 형상화 곧 '그려내어 되살림'이 바람직한 기억과 지향을 낳으며, 새로운 역사와 문화를 이룩하는 데 작은 도움이라도 되기 바란다. 열렸으나 닫혀 있고 흐르지만 고여 있는 조강에 평화와 생명의 시대가 오면, 조강은 새로이 우리 겨레의 문화와 산업의 중심이 될 터이다. 그날을 앞당기는 데 이 책이 조금이나마 이바지하기를 기대한다.

차 례

조강(연두색으로 표시한 곳)과 그 권역

군사분계선

임
진
강

망대

파주

고양

한   강

행주산성

김포국제공항

양화진

마포

서울

노량진

# 조강

물은 모이고 만나 어울려 흐르다가
마침내 바다에 이른다.
강원, 충청 산골에서 비롯된 여러 냇물은
북한강과 남한강에 모이고,
이 두 물줄기는 경기도 양평의
두물머리(양수리兩水里)에서 만나
큰 가람 곧 한강이 된다.
한강은 서울을 지나
다시 '교하交河'(파주의 옛이름)에서
임진강과 만나면서 서西로 향하고,
강화도 북쪽에서 또다시 예성강과 만난다.

헤아릴 수 없는 세월 동안
한반도의 허리에서 이어온 이들의 만남은
드넓은 땅과 풍부한 생명을 낳았고,
겨레의 삶을 살찌웠다.
역사가 소용돌이치고 문명이 혼탁을 더해도,
그 흐름은 결코 멈춘 적이 없다.

"강물이 도성 남쪽을 지나 금천衿川 북쪽에 이르러 양화나루가 되고,

양천陽川 북쪽에서 공암나루가 되며, 교하交河 서쪽 오도성烏島城에

이르러 임진강과 합하고, 통진通津 북쪽에 이르러 조강祖江이 되며,

보구곶(浦口串)에 이르러서 나뉘어 둘이 되었으니,

하나는 곧장 서쪽으로 흘러 강화부 북쪽을 지나 하원도河源渡가 되고,

교동현喬桐縣 북쪽 인석진寅石津에 이르러 바다로 들어가니,

황해도에서 배로 실어 온 곡식이 (모두) 이곳을 거치어 서울에 다다른다.

하나는 남쪽으로 흘러 강화부 동쪽 갑곶나루를 지나서

바다로 들어가니, 전라·충청도에서 배로 실어 온 곡식이

모두 이곳을 거치어 서울에 다다른다."

— 「경도한성부(경기)」, 『세종실록지리지』(『세종실록』 148권, 1454)

한강이 임진강, 예성강과 합하여 흐르다 서해 바다로 들어가는 어름을 '조강祖江'이라고 불러왔다. 그 한 줄기가 남으로 갈라져 김포반도와 강화도 사이의 해협을 흐르는데, 이것은 '염하鹽河'라고 한다. 본래 '祖江'이 어떤 뜻의 토박이 말소리를 적은 글자인지는 모르나 한자만 보면 그것은 '할아버지 강'이라는 말로, 보다 작은 강들의 조상인 '어른 강' 혹은 여러 강이 모여 이룩한 '큰 강'이라는 뜻으로 풀이할 수 있다. 이 말은 때로 마을 이름('조강리')이나 나루 혹은 포구 이름('조강포')으로 쓰이기도 하였는데, 이는 그곳이 이 강의 중심지였기 때문이다.

조강의 범위는 한강의 끝을 어디로 보느냐에 따라 달라진다. 좁게는 임진강과 한강이 합하는 파주 서쪽부터 염하가 시작되는 곳까지, 넓게는 거기서 더 가서 예성강과 합하는 강화군 교동도 부근까지를 가리킨다고 할 수 있다. 염하는 조강이 갈라진 '소금기 있는 강'으로, 조강 수로水路의 일부이므로 넓게 보아 조강에 포함된다고 할 수 있다.

조강은 세 강줄기가 모여 바다로 들어가는 거대한 강이다. 민물이 바닷물과 섞이는 하구(기수역汽水域)여서 어업에 좋고, 넓은 갯벌과 습지가 조성되어 다양한 생태 환경을 이루고 있다. 남쪽 김포반도에 발달한 퇴적평야는 고구려, 신라, 백제 삼국이 서로 차지하고자 다투던 비옥한 땅이다. 또 고려의 수도 개경(개성)과 조선의 수도 한양의 물길이 이 강이었음에서 알 수 있듯이, 이곳은 한반도의 중심에서 배를 이용하여 사람과 물자를 운송하던 고속도로요 그 나들목이었다.

하지만 밀물과 썰물의 높이 차이(조차潮差)가 세계적으로 크고(최고 9미터 내외) 갯벌이 아주 넓게 발달하여 썰물 때는 배가 자유로이 통행하기 어려웠다. 특히 서쪽 하구는 뱃길이 마땅치 않았으므로 남부 지방에서는 염하 수로를 주로 이용하였다.

이러한 환경은 조강 연안에 물때를 기다리는 포구가 많이 생기게 하였다. 이곳은 조선 시대에 점차 상업과 유통의 거점으로 발전하였는데, 가령 조세로 걷은 쌀이나 특산물을 한양으로 나르는 조운선漕運船들이 밀물을 기다리거나 짐을 옮겨 싣기 좋은 포구에 집단 거주지와 교역 시장이 형성되었다. 아울러 조강은 수도로 진입하는 바다 쪽의 관문 곧 해문海門이었으므로, 여기서는 국가 방위에 중요한 사건이 많이 일어났다. 왕이 있는 수도 한양이 조선의 심장이요 몸이라면, 조강 권역은 목구멍과도 같은 곳이었기 때문이다. 특히 근대화 과정에서 외국 세력과 서양의 문화가 이 지역에 집중하여 몰려든 까닭도 거기에 있다.

그러나 오늘날 조강은 잊힌 강이다. 근대화 과정에서 수운水運이 쇠퇴한 탓도 있지만, 지도에 엄연히 존재하는 이 강과 연안의 삶을 한국인의 기억에서 지운 것은 한국전쟁이다. 1953년 7월 체결된 정전협정에 따르면, 대부분 조강 유역에 해당되는 한강하구

약 70킬로미터는 휴전선(군사분계선)이 없는 중립 수역으로, 쌍방의 민간 선박이 자유로이 통행하면서 자기 측 지역에 정박할 수 있는 '민간 선박 공동이용 수역'이다. 그러나 휴전선 양쪽 2킬로미터의 비무장지대DMZ가 오히려 중무장 지대가 되었듯이, 조강 연안은 출입 통제구역이 되었다. 조강은 철책에 갇혀 그 자체가 휴전선이나 비무장지대와 다름없이 되어, 민물 갯물이 뒤섞인 곳에 사는 다양하고 희귀한 어족들과 재두루미, 개리, 저어새 같은 대륙의 하늘을 오가는 철새들만의 터전이 되고 만 것이다.

지금 조강은 '분단의 상처' 그 자체이다. 역사를 거슬러 보면, 조강 권역은 '외세 침략의 현장'이요 그에 맞서 흘린 피와 눈물로 더께가 앉은 곳이기도 하다. 하지만 이 철책에 갇힌 강에 평화의 길이 열리면, 조강은 한반도의 교통과 산업의 중심축이 됨은 물론, 남북을 잇고 대륙으로 비약하는 통일의 상징, 자주적 번영의 상징이 될 것이다.

조강은 애초부터 공동이용 수역이므로 남북이 양해만 하면 언제든 자유로이 통행할 수 있다. 2018년 9월 평양정상회담 합의 이행 사업의 하나로 이 수역의 해도를 남북이 협력해 작성하고, 2019년 4월부터 민간 선박의 자유 항행을 시범 허용키로 한 것은 휴전 60여 년 만에 이루어진 참으로 큰 경사요 통일로 나아가는 역사적인 발걸음이었다. 그러나 2019년 10월 현재, 해도 작성 이후의 걸음은 내딛지 못하고 있다.

제1장

# 조강 물참 노래

16세기:
양반과 평민이
물길에서 만나다

나룻배(김홍도, 『단원 풍속도첩』)

16세기 후반, 조선의 선조 때였다. 이지함李之菡*은 조선 팔도의 배가 모이는 한양 삼개(마포)나루에서 배를 탔다. 한강 물길을 따라 통진(김포) 현감으로 있는 제자 조헌을 만나러 가는 길이었다.

　더위가 한풀 꺾이고 아침저녁으로 선선한 바람이 이는 늦여름이었다. 나루터에 이르기 전부터 새우젓 냄새가 진동하고, 길은 온갖 사람과 짐으로 붐볐다. 이지함에게는 아주 익숙한 풍경이었다. 그는 부근에서 흙을 파 집처럼 꾸미고 그 위에 정자를 지어 살며 '토정土亭'이라는 호를 써 왔다. 나라의 조세로 받아 온 곡식을 배에서 내려 창고로 옮기는 짐꾼들이 날씨가 왜 이러냐고, 장마가 다시 온 것 같다고 두런거리다가 대나무 지팡이를 짚은 그를 알아보곤 고개를 조아렸다. 평생 나루터에서 지게를 등에 붙이고 사는 백성들이었다.

---

**이지함**(1517~1578, 중종 12~선조 11)

호는 토정土亭. 조선 시대의 진보적인 '처사형' 학자이다. 명문가 출신이나 혼탁한 현실에 회의를 느껴 과거를 보지 않았으며, 신분제도에 구애받지 않고 처신하였다. 유학 외에 천문, 지리, 역학 등 다양한 학문을 연구하였고, 전국 각지를 돌면서 백성의 삶과 국부國富를 향상시킬 산업에 두루 관심을 가져 실학의 선구자로 평가되기도 한다. 해안과 섬 지역을 자주 유랑하여 '수선水仙'으로 불리었다. 화담 서경덕花潭徐敬德에게 배우고 당대의 큰 선비인 조식, 이이, 성혼 등과 교유하였다. 후에 북인의 우두머리가 된 이산해李山海는 그가 가르친 조카이다. 설화에 이인異人으로 자주 등장하며, 『토정비결』의 저자로 알려졌지만 확실하지 않다.

---

이틀 동안 비가 오다 말다 해서 강물이 꽤 불어 있었다. 강바람을 맞으니 이지함은 가슴이 조금 뚫리는 듯하였다. 경기도 포천현감을 사직한 뒤로, 어느새 해가 바뀐 지 오래건만 잠을 편히 이룬 날이 드물었다. 과거도 보지 않은 그에게 임금께서 특별히 내려준 벼슬이었으나, 황해도의 섬에 염전을 개발하여 포천 백성의 굶주림을 덜어주고자 한 상소조차 받아들여지지 않으니, 그만두지 않을 수 없었다. 케케묵은 제도와 권력자들의 이해관계에 묶여 백성을 돌보지 못한다면, 차라리 벼슬을 내놓는 게 옳았다. 그는 기골이 장대하고 기상도 여전히 거침없었지만 이제 나이가 예순 줄에 들어섰고, 머리와 수염에는 흰 터럭이 가득했다.

알아두었던 배는 떠난다는 자리에 있었다. '시선柴船배'라고 부르는, 조강 연안의 황해도 땅과 강화도, 통진 같은 데서 장작, 숯, 생선, 젓갈 따위를 모아 싣고 한양을 오가는 배였다. 한양 사람들의 땔나무와 먹거리를 대는 그런 배들은 경강京江(한양 지역의 한강을 달리 부르는 말. 다시 용산강, 서강, 한강 등으로 나누어 불림)의 다른 나루들—양화나루, 노량나루, 한강나루, 광나루 등—까지 모두 헤아리면 몇백 척은 될 터였다. 한양은 매우 큰 강, 그것도 바다가 가까워 배를 이용한 교통과 운송이 편리한 강가에 있었다. 나라의 서울이 자리 잡기에 세상 어디 내놓아도 뒤지지 않을 곳이었다. 이지함은 늘 그게 마음에 드는 한편, 나라에서 그 이점을 살려 산업과 상업을 진흥시키지 못하는 게 답답하였다.

강화도까지 가는 배라 그런지 배가 제법 크고, 짐이며 사람들로 그득했다. 이지함은 신분이 달랐지만 그들 사이에 자리를 잡았다. 그는 옷이 남루한 데다 선비들이 쓰는 갓이 아니라 장사꾼이나 천민이 쓰는 패랭이를 쓰고 있었다. 한때는 쇠갓(쇠벙거지)을 쓰고 다니며 그것을 밥솥으로 쓰기도 하여 이상한 사람 취급을 받기도 했을 정도로, 그는 차림새나 남의 이목에 신경을 쓰지 않았다.

배의 주인이라는 이가 그에게 노인 대접을 하는 둥 마는 둥 하며 전류포까지 가는 뱃삯을 받았다. 평생 전국을 유랑한 이지함의 눈에, 그는 물건을 사고팔아 이문을 남기는 상인이지 뱃사람으로 보이지 않았다. 이지함은 제주도를 비롯한 여러 섬까지 들어가서 백성들이 사는 모습을 살피고 그들이 가난에서 벗어나도록 돕고자 궁리하곤 하였다. 무인도에 박을 심어 바가지를 엄청나게 생산하여 굶주리는 부근의 섬 주민들에게 곡식과 바꾸게 한 적도 있는데, 그런 일들이 쌓이다 보니 그가 사람을 꿰뚫어보고 미래를 예측하는 기이한 능력을 지녔다는 소문까지 돌았다.

〰

서해의 바닷물은 마포나루 부근까지 올라왔다. 이지함이 탄 배는 밀물이 가장 많이 들어차는 만조滿潮 때를 기다려 한낮이 지날 무렵 출발했다. 강에는 배들이 개미처럼 깔려 있었다. 비가 와서 상류의 물이 불어난 덕에 배들은 저절로 하류로 움직였고, 물때가 썰물 때로 바뀌자 제법 속도가 붙었다. 바닷물 써는 시간이 길지 않으므로, 속담에 이르는 말처럼 '물 갈 때 노질을 해야' 더 빨리 가는데, 사공은 「시선뱃노래」를 흥얼거리며 노 젓는 시늉만 하고 있었다. 근처에서 같이 썰물을 타는 뱃사공들이 한동네 사람처럼 그와 인사를 주고받으며 합창하듯 따라 불렀다. 갈 길은 멀고 노질은 힘이 드니 그럴 만도 했다.

> 어기야디여차 어이기야
> 빨리 저어라 어야디야
> 손길 맞춰 빨리 저어
> 저 배보다 먼저 가세
> 이놈의 바람은 왜 안 부느냐
> 바람이 불어야 노를 안 젓지
> 에이야에이허 손바닥이 다 부르텄네

배가 곧잘 떠가는 것은 오래지 않았다. 썰물 때가 지나자 올라오는 바닷물이 내려가는 강물을 가로막아 배는 별로 나아가지 못했다. 결국 첫날은 경강의 끝자락인 양화나루를 거쳐 행주산성 부근의 행주나루에서 밤을 맞았다. 물속의 펄이나 모래에 배가 좌초

## 나루와 포

나루는 내, 강, 바다 등의 언저리에서 배로 '사람이 건너는 곳'이자 '물자를 나르는 목(요충지)'이다. 한자로는 흔히 진津과 도渡를 쓴다. 임진나루, 노량진, 광진, 벽란도, 삼전도 등이 그 예이다. 보통 내와 강에서는 '나루,' 바닷가나 바닷물이 드나드는 곳은 '개'라고 한다. '개'에 해당되는 한자로는 포浦, 항港 등을 많이 쓰는데, 예를 들면 마포(삼개), 제물포(인천항), 부산항 등이 있다. 뒤에 어귀를 뜻하는 '구口'를 붙여 '포구' '항구'로 일컫기도 한다. '진津'과 소리가 같은 '진鎭'은 강이나 바다의 요지에 군사시설을 설치하고 군대가 주둔하며 지키는 곳을 가리킨다. (뒤의 83쪽 참조.)

나루는 교통의 요지이므로 사람과 화물이 모여 교역이 벌어지고 주막, 시장 등이 들어서서 집단 거주지가 형성되었다. 도로 사정이 나쁘고 운송 수단이 발달하지 않아 수운水運에 크게 의존했던 근대 이전에는 나루가 매우 중요하였다. 한국의 서해안과 남해안은 리아스식 해안이라 포구가 발달하였으나 지금은 그 흔적조차 찾기 어려운 데가 많다.

나루터(이두호, 『만화 객주 1』)

25                                                          제1장 조강 물참 노래

되지 않게 하려면 강바닥의 골창 곧 뱃골을 따라 배를 몰아야 하므로 어두운 밤에는 닻을 내려야 했다.

다음 날, 강변의 주막에서 눈을 붙이고 국밥으로 이른 아침을 때우다 보니 강물이 밤사이 무척 불어난 게 눈에 들어왔다. 색도 짙은 황톳빛이라 홍수가 난 듯하였다. 다시 출발하여 물 가운데로 나아가는 배 위에서, 한강 위쪽의 강원도나 충청도에 엊그제 비가 많이 내린 모양이라고, 승객들이 걱정스레 두런거렸다. 빗낱이 떨어지자 사공이 펴려던 돛을 도로 걷었는데, 곧이어 굵은 빗방울이 사정없이 쏟아졌다. 배에 탄 사람들은 곱다시 비를 맞았다. 어떤 사람이 떨떠름한 음성으로 말했다. 이거 참, 비가 와서 강물 불어나는 건 좋은데, 이러다가 조강에 가면 물살 험해져 고생하는 거 아닌가 모르겠구먼.

강폭은 점점 넓어지고 배는 한없이 작아졌다. 어느새 물 위에는 배가 몇 척 보이지 않았다. 대낮인데도 하늘이 어둡고 비까지 계속 내릴 기세여서 다들 가까운 육지에 배를 댄 것 같았다. 이지함은 사공에게 우리도 잠시 어디서 멈추었다 가자고 하려다가 늙은이가 너무 신칙을 하는 성싶어 그냥 참았다.

다행히 얼마 후 비는 개었다. 하지만 그럭저럭 멀리 통진현의 전류포가 눈에 들어올 무렵, 배 안의 사람들 모두 무슨 일이 터졌음을 직감하였다. 배가 강변 쪽으로 붙여지지 않았던 것이다. 사공이 기를 쓰며 노를 저었지만 배는 물살에 휩쓸려 빙빙 돌다가

26

엉뚱한 데로 흘러갈 따름이었다. 과연 밀물과 썰물, 갯물과 민물이 하루 두 번씩 뒤집어지며 섞인다는 뜻의 '전류顚流'가 포구 이름이 될 만한 물목이었다.

이지함은 고려 시대 문장가 이규보의 「조강부祖江賦」*가 떠올랐다. 바로 이 강에서 폭풍을 만나 겪은 일을 다룬 명문이었다. 하지만 한가롭게 옛사람의 글을 생각할 때가 아니었다. 본래 전류포에서 내릴 예정이었지만, 지금 그것도 문제가 아니었다. 이지함은 배에 탄 사람들의 목숨이 걱정이었다. 사공이 배의 주인한테,

---

**이규보의 「조강부」**

고려의 문장가 이규보(1168~1241)는 1219년에 탄핵을 당하여 계양(부평)으로 좌천되었다. 그때 조강을 건너다 폭풍을 만나 고생하였는데, 그것을 소재로 지은 부賦가 명문으로 평가되어 『동문선』에 수록되어 있다.

〔서序 생략〕 넓디넓은 강물이 경수涇水처럼 흐린데, 시커먼 빛 굼실굼실 굽어보기도 무서워라. 여울져 솟구치는 모양, 구당瞿塘(양자강 상류의 뱃길이 험한 협곡)에다 비할쏜가. 달리는 뭇 내(川)를 모았으니 솥의 물이 들끓는 듯, 이무기와 악어가 입을 벌리고 독룡毒龍이 숨어 엿보는 듯, 물살을 거슬러 나아가려 하나, 배가 가는 양 그대로 멎는구나. 저녁이 아닌데 어두워지고, 바람도 없는데 물결친다. 눈(雪) 같은 물결이 쾅쾅 돌에 부딪는 모양, 진秦과 진晉이 팽아彭衙(두 진나라의 격전지)에서 싸우는 듯, 저 사공은 집채 같은 물결에 익숙해도 빙빙 도는 소용돌이를 무서워하네. 잠깐 온 길을 돌아보니, 쾅쾅 출렁이는 서슬에 멀리 나온 듯.

이 몸은 지금 귀양 가는 길, 이 험한 강물을 만났구나. 외로운 배 오똑이 들쑥날쑥 어디로 가리. 갈 길은 먼데 벌판엔 우거진 풀, 먼 개(浦)에 자욱한 연기, 새 소리 찍찍짹짹, 잔나비 울음 구슬픈데, 지는 해는 뉘엿뉘엿, 뜬구름은 뭉게뭉게 …… 〔후략〕 ……

—『동문선』 제1권(민족문화추진회, 1977), 53~54쪽.

---

제1장 조강 물참 노래

전류포는 틀린 성싶으니 건너편 파주현에 있는 심학포 쪽에라도 우선 배를 대보면 어떠냐고 물었다. 그러나 주인은 지금 그쪽 갯벌에 배를 처박으면 언제 어떻게 나오느냐, 어떻게든 통진 쪽으로 배를 대지 못하고 딴소리 하느냐며 꾸짖기만 하였다. 이 판에 그는 뱃삯이나 비용을 먼저 걱정하는 듯했다. 그러는 사이 배는 어느새 전류포는커녕 심학포 쪽에서도 아주 멀어지고 말았고, 젖은 옷을 입은 채 입술이 시퍼런 승객들의 얼굴은 모두 공포로 일그러졌다. 이제 한강은 끝나고, '조강'이라 부르기는 하지만 바다나 진배없는 곳으로 배는 낙엽처럼 떠내려가고 있었다. 범에 물려 죽는 사람만큼이나 물에 빠져 죽는 사람도 많은 시절이었다.

이지함이 사공에게 물었다. 강에서만 부리는 배와 달리, 이 배는 외돛이 아니라 쌍돛인 게 다행이었다.

"왜 돛을 쓰지 않나? 바람이 있으니, 두 개 모두 펴면 좋을 걸세."

배 주인이 가로막고 나섰다.

"노인장이 무얼 안다고 나서시오? 괜히 돛을 폈다가 갯바람이 사방에서 몰아쳐 배가 황해도 쪽 모래톱에 처박히거나 서해 바다로 떠내려가면 어쩌려고!"

그가 한강을 오르내리며 황복이나 황대구 같은 귀한 물고기 따위를 거래하여 배까지 샀는지는 몰라도, 배 부리는 일은 잘 모르는 게 분명했다. 바람이 무서우면 돛은 왜 달고 다닌단 말인가. 자신을 밝혀 위세를 부릴 상황도 아니기에 대꾸하지 않은 채, 이지함은 점잖게 사공한테 말했다.

"오늘이 열사흘이니 하늘이 돕는다면 달빛이 밝을 걸세. 어두워지더라도 애를 써보면 내일 조강포祖江浦 쪽이나, 아니면 머무루섬〔유도留島〕에라도 닿아 거기 머물 수 있네. 그런데 오늘 여기 바닷물 물때가 어찌 되는가?"

이지함은 배 안 사람들이 다 듣고 안심하도록 큰 소리로 말했다. 그는 예전에 자신의 스승 화담 서경덕을 뵙고 황해도에서 오는 길에 북쪽의 '풍덕 조강' 나루에서 배를 타고 남쪽의 '통진 조강' 나루에 내린 적이 있었다. 그래서 부근의 지리와 밀물 썰물 교차가 얼마나 크고 심한가를 잘 알았다. 그때 뱃길로만 자기 고향인 충청도 보령의 남포까지 가보려 했으나, 배편이 연결되지 않아 염하를 거쳐 당진까지밖에 가지 못했었다.

그런데 사공의 대답이 뜻밖이었다.

"물때라는 게 날마다 바뀌어서…… 이렇게 큰물이 지면 더욱…… 자세히 모릅니다요. 그때그때 물을 보고……"

사정이 급박한 데다, 행색은 초라해도 이지함이 범상한 사람이 아님을 눈치챘는지, 사공은 감추지 않고 바로 실토하였다. 소인은 무지한 자이니 제발 도와만 달라는 표정이었다. 물때라는 게 날마다 바뀌기는 해도 바닷물이 들고 나는 시각과 그 양의 많고 적음에 규칙이 있는데, 사공이라는 자가 무시로 바뀌는 '물을 보고 안다'는 소리나 하고 있으니 참으로 딱하였다. 배의 주인도 당

제1장 조강 물참 노래

황하여 얼굴빛이 바뀌었다. 그 주인에 그 사공이었다.

그때 배 안의 사람 중 하나가 이지함을 알아보며 토정 선생 아니시냐고 외쳤다. 이지함이 답을 하기도 전에 그가 제발 저희 좀 살려달라고 우는소리를 하였다. 그 소리가 삽시간에 배에 가득 찼다. 자신이 토정 아니라 해도 토정이 되어야만 할 판이었다.

사방은 이미 어두워지고 있었다. 뒤엉킨 물살이 마구 뱃전을 때렸다. 배를 부릴 줄 모르지만 내 목숨도 이 배에 달려 있으니 같이 힘을 써보자고, 이지함은 되도록 태연히 말하였다.

그는 배가 기울지 않도록 짐과 사람을 골고루 나누어 배치하였다. 그리고 배가 엎어지기 전에는 각자 자리에서 꼼짝 말고 있으라고 단단히 이른 뒤, 돛을 펴고 바람에 따라 조정하며 사공의 노질을 지휘하였다. 다행히 하늘이 개고 구름 사이로 달이 나타났다. 아득히 멀리 한강과 임진강이 합쳐지는 반석나루 어름에서 불빛 같은 게 가물거렸다. 이지함은 물의 흐름과 달의 위치를 보아 바닷물이 밀려오고 나가는 시간을 대강 짐작하면서, 임진강 쪽 물살이 내리쏟는 힘을 이용하여 어떻게든 포구가 많은 남쪽으로 배를 몰고자 애썼다.

바다나 다름없이 드넓은 데다 다른 배가 한 척도 안 보이는 강물은, 달빛을 받아 무섭게 부풀어 올라 몸을 뒤치었다. 조강 물은 하나지만 그 속에는 여러 줄기 여울이 흐르는 듯하였다. 그 여울들이 용처럼 뒤엉켜 무시무시한 소리를 내었다.

~~~

통진 현감 조헌趙憲*이 이지함을 뵈러 온 것은 물과 사투를 벌인 그 달밤을 겪은 지 새로 두 밤이 지나서였다. 이지함이 조강포에 설치된 역참驛站인 조강원祖江院 관원한테 차일遮日과 멍석을 빌렸는데, 현감에게 그 일이 알려진 것이었다.

현감은 오는 길에 스승이 큰물 진 조강에서 배와 사람을 구했다는 말을 여러 사람한테 들었다. 스승은 쑥갓머리산(애기봉) 위에 있었다. 조강 연안의 여러 포구들과 건너편 개성 땅까지 두루 시야에 들어오는 봉우리였다. 바로 아래 조강 나루에는 밀물 때를 기다리는 배의 돛대들이 숲을 이루고 있었다. 한양과 개성으로 가는 배와 사람으로 밤낮없이 붐비는 곳이었다. 주막에서는 팔도의 상인이 거래를 하고 짐꾼, 격군, 거간이 뒤섞여서 배와 배 사이를 노상 분주히 오고 갔다.

---

조헌(1544~1592, 중종 39~선조 25)

호는 중봉重峯. 경기도 통진 출생으로 28세 때 이지함을 찾아가 제자가 되기를 청하였다. 왜란을 예측하고 대비책을 건의하였으나 받아들여지지 않았다. 임진왜란이 일어나자 의병을 모아 싸우다가 700명의 의사와 함께 금산전투에서 장렬히 전사하였다. 제자를 가르치다 의병을 일으킨 충북 옥천의 후율정사後栗精舍는 후에 그의 사당이 되었다. 출생지인 김포시 감정동에 그의 위패가 봉안된 우저서원牛渚書院이 있다.

---

제1장 조강 물참 노래

조헌은 멍석에 엎드려 절을 드렸다. 그리고 자기를 현감 대접
하느라고 주변에 서 있는 사람들을 모두 물러가게 하였다. 이지함
은 구레나룻이 무성한 그의 얼굴을 그윽이 바라보았다. 스승이 되
기를 사양하였건만 조헌은 항상 자기를 스승으로 대하였다. 본 지
가 꽤 되었는데도, 강직한 눈빛과 몸가짐이 여전한 듯하여 마음이
놓였다. 하지만 제자의 눈에는 스승이 부쩍 늙은 성싶었다.

"어째 저에게 오시지 않고 이런 데 머무십니까? 큰일 당할 뻔
하셨다는 말을 들었습니다."

"붕당朋黨을 지어 싸우는 조정의 꼴도 심란하고, 가슴이 답답
하여 현감을 보러 오다가 길이 바뀌어버렸네. 일을 마친 뒤에 만

조강과 애기봉

나러 가려던 참일세.”

“그러셨군요. 한데 소문이 크게 났습니다. 축지법을 써서 물 한가운데서 사람들을 살렸다는 말까지 돌고 있습니다.”

스승에 대한 소문에는 늘 과장이 많은지라 조헌은 웃음을 띠며 말하였다.

배가 조강포 근처의 갯벌에 가까스로 닿은 것은, 밤을 꼬박 새우고 난 다음 날 해가 중천에 올라서였다. 배에 탔던 이들이 모두 화색이 돌아온 얼굴로 이지함에게 고마움을 표하였다. 뱃사공은 땅바닥에 발을 딛자마자 넙죽 절까지 하였다. 불쌍한 백성들…… 이럴 때마다 속에서 올라오는 탄식이었다.

엄청난 물이 휩쓸고 지나간 조강은 언제 그랬냐는 듯 평화로웠다. 그릇의 물이 쏟아지는 것처럼, 강물도 바다로 쏟아진 셈이었다. 해와 달이 하늘에서 기울었다 다시 올라오듯, 땅도 기울었다 제자리로 돌아옴이 분명하였다. 이지함은 손을 들어 강변 한곳을 가리키며 말했다.

“내가 이번 일을 겪고서 할 일이 생겼다네. 이 강에 갯물이 들어오고 나가는 걸 조사하여 정리하고, 또 누구나 그걸 알게 하려고 저기 저 물가 갯벌에 눈금을 낸 말뚝도 박아놓았네. 우리 조선이 동해는 조석간만潮汐干滿(바다의 밀물과 썰물이 들어차고 나감)의 차가 거의 없고, 서해는 매우 크네. 내가 서해 바다를 많이 다녀보지 않았는가? 물때가 지역마다 다른 데다 말이 다르고 표준이 없어 백성들의 생업에 지장이 많네. 내가 여기를 기준으로 삼게끔 물때표를 만들려고 하는데, 그걸 완성하려면 적어도 한 달은 여기서 밤낮 안 가리고 살펴야 할 걸세."

"여기가 조선에서 밀물과 썰물의 높이 차이(조차)가 제일 큰 데라서, 물때가 어업이나 통행에 참 중요한 게 사실입니다. 그런데 나루마다 지로사공指路沙工들이 여럿 있어서 물때라면 그들이 환하다고 들었습니다. 이제 밤이면 날이 차가워질 터인데, 이렇게 한데서 기거하며 손수 살피지 않으셔도…… 이러다가 병이라도 얻으실까 두렵습니다."

"지로사공이라면, 바닷물 움직일 때를 타서 배 인도하는 일로 먹고사는 사람들 아닌가? 그렇지 않아도 우선 알아보느라고 몇 사람 만나보았네. 허나 자꾸 감추려고 드는 데다 자기들끼리도 아는 게 같지 않았네. 그냥 경험으로 알 뿐이었어."

"그렇습니까? 미처 몰랐습니다. 그런데 이규보 선생이 지었다는 「축일조석시逐日潮汐詩」 이야기는 들으셨지요?"

"그러고 보니 자네가 여기서 나고 자란 사람이니, 나보다 더 잘 알겠군. 나는 이번에 알게 되었는데, 물때를 조사하겠다니까 조강포에서 글 아는 이가 이걸 적어주더구먼. 이규보 선생이 여기서 가까운 계양 고을 태수를 지낼 적에 지었다는데…… 지었다기보다 수천 년 내려온 것을 글로 정리한 것이겠지. 어쩌면 그것에다가 사람들이 이규보 선생을 갖다 붙였을지도 모르네."

이지함이 종이쪽지를 내놓았다. 조헌도 전부터 알고 있는 짧은 한시가 적혀 있었다.

三卯三辰水
三巳一午時
未三申亦二
月黑復如斯

"어떤가? 글을 잘 모르는 뱃사공이, 이 시가 무슨 소리인지 알겠나? 삼묘삼진수, 삼사일오시, 미삼신역이, 월흑부여사…… 이렇게 읽을 줄 아는 사람도 뱃사람 중에 과연 몇이나 될지…… 아니, 물고기를 잡거나 나루에서 배를 탈 사람도, 고기 들어오고 배 뜨는 시간을 미리 짐작해야 하니까, 다들 누구나 그 뜻을 알고 기억하는 게 좋은데, 이게 무슨 말인지 쉬이 알겠는가?"

그러고 보니 정말 그러하였다. 조헌은 스승의 눈빛을 보았다. 몰두할 가치가 있는 무언가를 발견하고 송두리째 자신을 그에 집중할 때, 스승은 늘 그런 눈빛이었다. 조헌은 자세를 가다듬으며 긴장하였다.

"이 시에 나오는 '묘' '진' 같은 말이 시각을 뜻하는 묘시卯時, 진시辰時를 가리킨다는 것은 웬만하면 짐작하겠으나, 글을 좀 안다 해도 그게 바닷물과 어떤 상관인지는 자세히 알기 어려울 듯합니다.”

“바닷물이 하루에도 두 번 들어왔다 나가되 그때마다 시각과 물높이가 달라지는데, 시구詩句가 너무 엉성하지 않은가? 물의 양이 많이 밀려오고 써는 ‘사리’ 때와 적게 밀려오고 써는 ‘조금’ 때 같은 건 아예 빠져 있기도 하고. 무엇보다 한문으로 되어 있어 조선 사람이 입으로 하는 말과 일치가 되지 않으니, 내가 이 시의 내용을 확인해본 뒤에 알기 쉬운 말로 바꾸어놔야 하겠네. 엊그제 탔던 배의 사공이 물때를 몰라 사달이 커졌는데, 사공들이 누구나 외울 수 있게 하여 그런 일이 일어나지 않도록 하겠단 말일세. 물때 조사를 하려면 바닷물과 달 모양이 변하는 걸 아울러 살펴야 하니, 이렇게 높은 데서 차일 치고 멍석도 깔고 살다시피 하는 걸세. 말뚝 눈금을 보러 가끔 물가에 내려가 보기도 하면서.”

스승은 지금 천문天文을 읽으며 지리地理를 궁리하고 있었다. 조헌은 비로소 이곳 현감인 자기가 해야 할 일을 스승이 대신 해주고 있다는 생각이 들어 부끄러움이 밀려왔다. 예로부터 ‘통진현은 조강이 먹여 살린다’고 했으니 이곳에서는 두말할 게 없고, 이 조강 뱃길이 나라 전체에서도 얼마나 중요한 곳인가. 전국에서 조세로 걷은 곡식을 싣고 한양으로 가는 조운선*만 하더라도 강바닥의 펄과 모래를 피하지 못하여 좌초하거나 침몰하는 사고가 자주 일어나 나라의 큰 근심거리가 아닌가. 물에 빠져 목숨을 잃을 뻔한 일에서도 나라와 백성 위하는 길을 찾아내는 스승에게,

36

## 조운선

나라의 세곡稅穀을 운송하는 배이다. 위는 『각선도본』(작자 미상, 조선 후기)에 실린
도면이고, 아래는 그것을 재현한 배의 사진이다.

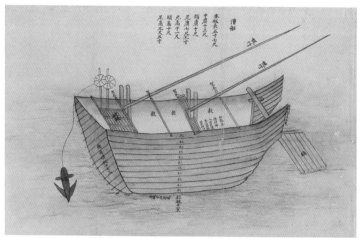

제1장 조강 물참 노래

조헌은 절로 고개가 숙여졌다.

스승은 말을 이었다.

"어제 평생 배 위에서 살았다는 사공한테 물어보았더니, 여기 적힌 시에 나오는 무슨무슨 '시時'는 조강에 밀물이 들어오는 때가 아니라 다 들어와서 쉬는 때, 그러니까 물높이가 가장 높아진 때라고 하였네. 그걸 '물참'이라고 부르는 까닭에, 자기들은 이 시를 뱃노래 가락에 얹어 부르며 '물참 노래'라고 해왔다는군. 그런데 그 노래 가사가 한문 글이라 어렵기도 하지만, 그것만 갖고는 어림도 없다네. 가령 강을 거슬러 한양으로 갈 배들은 사리 때면 물참이 되기 반나절쯤 전에 포구에서 출발해야 밀물 덕을 많이 보는데, 바로 그 시각을 제대로 짚는 자가 몇 없고, 또 사공들끼리도 잘 가르쳐주지 않는다 하였네. 그러니 배로 고기 잡고 물자 나르는 일이 수월히 되겠는가? 선비가 할 일이 여러 가지인데, 다들 사서삼경만 읽고 세력 다툼이나 일삼고 있으니…… 나라의 허리요 문지방인 조강의 물때마저 이렇게 앎이 부족하고 말길이 막혀 소통이 되지 않는 형편에, 외적이라도 쳐들어오면 나라는 어찌 되며 백성은 누구를 의지해야 할지, 참으로 걱정일세."

초라한 패랭이 모자 아래로 흘러내린 스승의 허연 머리칼이 바람에 날렸다. 조헌은 가슴이 벅차올라 잠시 우두커니 있었다. 동인東人이니 서인西人이니 하며 편을 갈라 세력 다툼을 하는 조정의 형편과, 근래 들어 왜倭를 비롯한 나라 주변의 움직임이 심

상치 않은 것을 염두에 두고 하는 말씀인 줄은 금세 알아들었다. 허나 다른 한 가지는, 정말 자신은 한 번도 생각이 미치지 못한 것이었다. 이규보 선생의 시는 뱃사공들이 입으로 쓰는 말로 되어 있지 않다, '그러니 배로 고기 잡고 물자 나르는 일이 수월히 되겠는가?…… 이렇게 앎이 부족하고 말길이 막혀 소통이 되지 않는 형편에……' 그렇다. 백성을 위하려면 요긴한 것을 제대로 알아야 하고, 나라를 발전시키려면 말길을 뚫어 온 나라 사람의 앎과 뜻이 통해야 한다. 조헌은 스승이 하는 말씀의 뜻, 이 시기에 굳이 자기를 만나고자 험한 물길로 여기까지 온 스승의 마음을 깊이 깨달았다. 저녁 햇살을 받아 반뜩이는 조강, 서해 바다로 흘러드는 그 거대한 물줄기를 응시하는 그의 눈이 젖어왔다.

〜〜〜

한 달쯤 지나 달이 이지러졌다 도로 둥그렇게 차오른 무렵, 조헌은 다시 조강포로 왔다. 스승이 물때 조사한 것을 널리 알리는 모임을 연다는 기별이 온 것이었다.

조강원 마당에 들어서니 벽과 기둥 여기저기에 글이 적힌 종이가 붙어 있고, 백성들이 그 주위에 우중우중 서 있었다. 멍석 가운데 놓인 상에도 종이가 놓여 있었는데, 앉아서 멀뚱멀뚱 딴 데

만 보는 자도 많았다. 조강원을 관리하는 관원이 예를 올리며 그
것 하나를 조헌 앞에 펴놓았다. 거기엔 한문과 언문이 뒤섞인 글
이 적혀 있었다.


一. 물참 노래


삼토삼용수　　　三兔三龍水
　　　　　　　　兔는 묘시 龍은 진시

삼사일마시　　　三蛇一馬時
　　　　　　　　蛇는 사시 馬는 오시

양삼원역이　　　羊三猿亦二
　　　　　　　　羊은 미시 猿은 신시

월흑부여사　　　月黑復如斯


二. 물참 노래


처음 사흘은 톳기 빼　　　다음 사흘은 뇽 빼
쏘 사흘이 빅얌 빼에　　　다음 흐르는 말 빼
양 세 마리 디나가면　　　잔나비가 두 마리

물참은 ᄒᆞᆯ 두 번        ᄀᆞ혼 날도 늦어디네

보름달 이즈러디면      밤낮만 밧괸다네


여ᄃᆞ릭 조금 뒤는 무쉬    보름사리는 여슷 메

네 메 줄다 사홀 것기면    스므사홀 조금 되네


## 조강 물참 노래 현대어 풀이

첫째 노래는 이규보가 짓고 이지함이 쉽게 풀었다는 한시로, '조강 물참 설화'(45쪽
참고)에 전하는 것이다. 둘째 노래는, 이지함이 백성을 위해 매우 쉽게 '풀어쓰고'
물때에 관한 지식을 종합했다면 과연 어떤 노래였을까를 상상해본 것이다. 그것을
현대어로 바꾸면 아래와 같다.

(매월 앞쪽 보름 동안의, 매일 첫 물참 시각은)

처음 사흘은 토끼 때(묘시)        다음 사흘은 용 때(진시)

또 사흘이 뱀 때(사시)           다음 하루는 말 때(오시)

양 세 마리 지나가면(미시가 사흘 지나면)    잔나비(원숭이)가 두 마리(신시가 이틀)


물참은 하루 (밤낮으로) 두 번     같은 날도 (조금씩) 늦어지네.

보름달 이지러지면(15일 날 지나면)   밤낮만 바뀐다네(순서만 바뀌어 되풀이
                                된다네)


'여드레(8일) 조금' 뒤는 '무쉬'     (다음 날부터 물이 늘어) 여섯 물째 되는
                                날이 '보름 사리'

(물의 양이) 네(4) 물 줄다가 사흘 꺾이면   '스무사흘(23일) 조금'이 된다네.

(다시 되풀이되어 그 '조금' 뒤도 '무쉬'(물이 쉼)이고, 다음 날부터 물이 늘어
                                여섯 물째 되는 날이 '그믐 사리'라네)

조헌이 거처나 음식을 배려하지 않은 것은 아니었지만, 염려했듯이 스승은 고뿔이 들어 연신 콜록거리며 말을 시작하였다.

"모두 고개를 들고 나를 보아라. 너희가 이미 알고 있는 말이 많아 글자는 몰라도 되니, 잘 듣고 따라 외우기만 하면 된다."

스승이 읽으면 백성들이 따라 소리를 내었다. 한 차례 끝났을 때, 조헌이 대신 한 번 더 읽었다. 현감이 나서서 거드니 비로소 작았던 목소리가 커졌다.

"두 노래 중 첫째 노래는 이규보 선생이 지었다는 물참 노래를 기억하기 좋게 조금 바꾸어 언문으로 적은 것이다. 열두 가지 띠로 하루 밤낮의 시간을 헤아릴 줄 모르면, 그것 먼저 배우면 된다.

아래의 둘째 노래는 첫째 노래를 쉽게 풀고 보충해서 이번에 내가 새로 짓다시피 한 것이다. 물때는 '하루 물때'와 '보름 물때'로 나눠야 알기 쉬운데, 이제까지 너희가 외웠던 물참 노래는 하루 물때이다. 나는 그 뒤에다가, 물의 높이와 빠르기로 헤아리는 보름 물때를 붙여서, 둘을 합치면 온전히 알 수 있게 하였다. 사리와 조금이 무엇이며, 그게 보름 주기로 한 달에 두 번 되풀이된다는 건 이미 알 것이니, 물이 변하는 모양도 여기 적어놓은 걸 바탕으로 한 메[물, 바닷물(의 양)을 날짜에 따라 헤아릴 때 쓰는 단위] 두 메 헤아려보면 된다. 이 글을 너희가 노상 흥얼거리는 뱃노래 가락에 얹어 노래처럼 부르다 보면, 잘 외워질 터이다."

이지함의 말은 길었지만, 아무도 딴전을 피우지 않았다. 제

이름 석 자도 쓸 줄 모르는 까막눈이 백성도 있겠으나, 자기들이 경험으로만 알고 있는 것을 높은 분이 차근차근 따져 이야기하니 신기하고 놀라운 모양이었다. 놀랍기는 조헌도 마찬가지였다. 나라 안에 명성이 자자한 백발의 어른이 아이라도 알아듣도록 자세히 풀이해주는 모습은, 자식을 가르치는 부모와 같았다. 스승은 이런 말까지 하였다.

"너희가 하는 일을 천하다고 하는 자들은, 제가 누구 덕에 먹고 사는가를 모르는 이들이다. 너희가 맡은 일을 제대로 알고 해내면, 그런 자들은 스스로 자신을 부끄러워하게 될 터이다."

말을 마친 스승이, 알아듣기 어려운 게 있으면 무엇이든 물으라고 하자 마당은 잠시 숨소리가 들릴 정도로 조용해졌다. 그때 한구석에서 누가 주춤주춤 일어섰다. 땟국에 전 수건을 머리에 동인, 어부나 뱃사공 일이 몸에 밴 것 같은 노인이었다.

"제가…… 소인이, 한 말씀 올려도 될는지……"

이지함이 허락하였다.

"이런 일이, 이렇게 고마운 일이…… 평생 물때 소리만 들으면 찌뿌둥하던 제 머릿속이 환해졌습니다. 그런데…… 잘 모를 게 있사온데, 노래에 들어 있는 '것긴(꺾인)다'는 말은 저희들이 '걱기(꺾기)'라고 하는 때에 물이 팍팍 줄어드는 것인지요? 그리고 '스므사흘(스무사흘) 조금'이라면, 여기 조강에서 '두 조금'이라고도 하고 '뒷조금'이라고도 하는 게 있는데 그 조금이 바로……"

조헌은 또 놀라고 감격하였다. 스승이 언문까지 사용하여 물때를 가르치는 일도 놀랍지만, 백성이 감히 나서서 여러 소리로 묻는 것도 드문 일이었다. 스승이 그의 입을 연 셈이었다.

이지함은 다시 자상하게 풀이하였다.

"지금 네가 한 말이 다 틀리지 않았다. 내가 이 조강에서 쓰는 말과 다른 말을 조금 사용한 것은, 여러 바다를 두루 다녀본 내 생각에, 그게 필요한 까닭이다. 곳에 따라 말이 다르면 뜻이 통하지 않으니, 이참에 내가 이 조강 물참 노래를 기준 삼도록, 이것에 맞추어 전부 통일하려고 그러는 것이다. 누가 이걸 적어두고자 하면, 한문으로 된 책에는 두 노래 가운데 첫째 것만 적힐 것이다. 허나 입에서 입으로 알리면, 둘째 노래도 팔도의 바닷가 백성 속에 살아 전해질 것이다. 지역에 따라 물의 때와 모습이 같지 않은 건 내용을 바꿔가면서 말이다."

현감이 자리에 있으면 다른 질문이 더 나오지 않을 것 같아, 조헌은 가만히 그곳을 나왔다.

밀물을 따라 서해로부터 들어오는 어선에서 고기 비린내가 풍겼다. 한양으로 가는 배들이 일제히 닻을 올리고 있었다. 문득 조헌은 자기가 임금께 올렸던 여러 통의 상소문이 떠올랐다. 밤을 새우며 글자를 고르고 골라 지었으나 거의가 별 소용없이 되곤 하였다. 사정이 이럴진대, 방향을 바꿔야 하는 게 아닐까. 스승이 몸소 보여주듯이, 백성한테 필요한 것을 알아내어 그들 생활에 직접 도움을 주는 편이 더 낫지 않을까.

그는 깊은숨을 몰아쉬었다. 그것도 참 필요한 일이다. 그런데 조정이 어지럽고 방비가 허술한 이 나라에서, 만일 저 바다로 외적이라도 쳐들어온다면 그 일은 또 어찌할 것인가. 한양으로 통하는 이 물길이 살아가는 데 좋으면, 그 길로 하여 한양이 위태로워지기도 쉬운 법이다. 외적이 이 길로 침략하면, 그때 여기 조강은 바로 전쟁터가 될 게 아닌가.

스승께 여쭐 말씀이 많았다. 해거름 녘의 조강 하늘에 제 둥지를 찾아가는 새들이 어지러이 날고 있었다.

---

**조강포 유허비**

경기도 김포시 월곶면 조강 2리의 철책선 근처에 있다. 조강포의 옛 위치를 표시하는 비로, '조강 물참 설화'가 새겨져 있다. 설화의 내용은 전하는 바와 다소 차이가 있다.

······(전략)····· 동국여지승람에 조강도祖江渡로 기록될 만큼 유명했다. 이곳은 토정 이지함 선생이 이곳 뒷산에서 조수간만潮水干滿의 때를 정확히 측정하여 '조강 물참'이란 일화를 남긴 한강 어구의 중요한 나루터였다.

---

제2장

# 조강으로 몰려오는 외국 배들

19세기:
개항을 둘러싼
싸움터가 되다

**이양선**

신미양요 때 강화도를 침공한 미국 아시아 함대 소속 전함인 모노카시호. 중앙에 증기터빈으로 돌려서 배가 앞으로 나가게 하는 둥근 물레(화륜火輪)가 붙어 있다. 주변의 목선과 매우 대조가 된다.

18세기 말에서 19세기 초에 걸쳐 산업혁명을 이루고 자본주의 체제를 확립한 서구의 강대국들은, 약하고 뒤처진 나라를 식민지로 만드는 제국주의로 흘러갔다. 물자를 대량으로 생산하여 이익을 늘리려면 값싼 원료를 제공하는 동시에 그것으로 만든 상품을 소비해줄 시장이 필요했기 때문이다. 이런 상황에서 열강은 경쟁적으로 아시아로 눈을 돌렸다.

　　당시 아시아의 나라들은 대부분 전통적인 문화와 제도를 답습하고 있었다. 열강은 제국주의적 야심을 품은 채, 근대화를 시켜준다는 명분 아래 대포, 상품, 기독교라는 세 가지 무기를 앞세워, 통상과 불평등조약을 강요하였다. '문명文明'한 나라로 '개화開化'를 시켜주겠다는 그들의 근대화 논리에는, 아직 산업이 뒤떨어진 나라들의 문화는 '암흑'에 빠져 '닫혀' 있으니 문을 열고 자기들의 문물을 받아들여야 한다는 일방적 주장이 깔려 있었다. 수운水運이 주된 장거리 이동 수단이었던 그 시대에 '문을 연다'는 것은 물길이 통하는 항구를 여는 것, 곧 개항開港을 뜻하였다.

　　제국주의 흐름 속에서 강대국이 약소국을 억압하여 불평등한 조약을 맺는 과정은 어디나 비슷했다. 그들은 중무장한 함대를 앞세우고 약소국의 항구 주위를 맴돌았다. 그리고 핑곗거리를 찾거나 만들어서 전쟁을 벌이며 개항을 강요했다. 결국 청淸도 영국에게 문을 열었고(1842), 일본 또한 미국과 통상조약을 체결했다(1854). 이제 아시아 동부에서 마지막 남은 조선은 대륙 세력인

청, 러시아와 해양 세력인 영국, 미국, 일본의 각축장이 되었다.

이양선異樣船―'다르고 이상한 모양의 배'―은 조선의 바다에 나타난 열강의 배를 가리키던 이름이다. 그것은 엄청나게 크고, 하늘을 찌를 듯이 높은 돛대에, 바람을 품은 돛을 여러 개 달고 있었다. 쌍돛의 비교적 작은 배만 보던 조선 사람들은 우선 그 크기에 압도되었고, 흰 얼굴에 털이 부숭부숭한 사람들이 대포와 총으로 무장하고 있어 매우 두려웠다.

서양 사람과 조선 사람의 접촉은 이양선이 표류를 했거나 식량과 물을 찾아 잠시 상륙하면서 시작되었다. 조선은 손님을 대하는 예의로 그들이 필요로 하는 것을 제공하였다. 하지만 19세기 후반으로 갈수록 이양선은 더 자주, 더욱 가까이 와서 무력을 행사하며 개항을 하라고 요구하였는데, 그들이 속한 나라도 영국, 프랑스, 러시아, 독일 등 매우 다양했다. 그 배는 이제 바람이 아니라 증기기관으로 움직이는 배, 그러니까 돛 대신 검은 연기를 내뿜는 굴뚝이 서 있고 온통 쇠로 만들어진 증기선(기선, 화륜선)이었다. 과학기술로 산업을 발전시킨 그들에 대한 두려움은 이제 돌이키기 어려운 절망의 빛을 띠어갔다. 그들의 목적이 통상과 거주지 확보, 기독교 전파, 해안 측량 등이라는 사실을 알게 되자 세계의 변화에 어두운 데다 '다른 것'을 받아들일 제도와 가치관의 혁신을 준비하지 못한 처지에서, 조정의 논의는 위기감을 띠었고 민심은 크게 흔들렸다.

조선 조정과 개항 협상을 하려면 수도인 한양 가까이 가야 하므로 이양선들은 조강에 집중적으로 몰려들었다. 그런데 서해 바다와 연결된 조강은 밀물과 썰물 때의 물 높이차가 아주 커서 물이 바뀔 때는 물살이 매우 거세었다. 또 물속에 갯벌과 모래가 많아 썰물 때는 배가 좌초되기 쉬워서, 이양선들은 어쩔 수 없이 전통적 수운 항로인 염하(강화해협)를 이용해야 했다. 문제는 배의 크기에 비해 해협이 좁은 데다 정밀한 해도海圖가 없어서 진입하기 어렵다는 점이었다. 그래서 이양선들은 작전을 바꾸어, 조강에 들어가는 게 아니라 조강 수로를 막아 조선 조정을 압박하는 방법을 택했다. 조강이 한양에 물자를 공급하는 바다로 통하는 관문(해문海門)이라는 사실은, 조선의 멱살을 틀어쥐어 압박하는 데는 조강 수로를 확보하는 게 관건임을 뜻하였다.

이런 까닭에 김포반도와 강화도 사이의 염하 수로 양쪽에 그들을 막기 위한 진지와 성이 여러 곳 구축되었고 싸움도 주로 그 부근에서 벌어졌다.

조강 권역이 한반도의 큰 싸움터가 된 것은 비단 개항 때만의 일은 아니었다. 삼국시대에는 한강하구에 형성된 비옥한 퇴적평야를 차지하려고 이 지역에서 세 나라가 자주 대립하였다. 고려시대 몽골이 침입했을 적에는 수도 개경이 옮겨 와서, 강화도에

38년 동안 임시 수도가 자리 잡기도 했다. 이는 조강 남쪽인 강화도의 입지 조건이 개경과 한양에서 가까우며 피난하기에 좋은 위치, 즉 '임금의 피난처'로서 적합한 위치였기 때문이다.

조선 시대에도 이곳은 나라를 지키는 요충지가 되었다. 정묘호란(1627)때에는 인조가 강화도로 피신하였고, 후금과의 강화조약講和條約이 그곳 조강 가에 있는 연미정燕尾亭*에서 체결되었다. 그들의 제2차 침공(병자호란, 1636) 때에는 강화도가 함락되어 결국 조선이 전의를 잃게 만든 결정적 전장 역시 이 지역이었다.

개항 시기에도 강화도를 포함한 조강 권역은 국방에서 여전히 중요했다. 이번에는 강물이 육지에서만 살던 북방의 외적을 막아주어서가 아니라, 염하가 바다로 몰려온 외국 배들이 수도 한양으로 들어오거나 목적을 달성하기 위해 위협하려면 반드시 확보해야 하는 수로였기 때문이다.

그래서 염하 주변 여러 보루와 문수산성, 정족산성 등의 역할은 역사상 그 어떤 시기보다 커졌다.

## 연미정

염하의 강화도 쪽 어귀(현 인천광역시 강화군 강화읍 월곶리)에 있는 정자이다. 그 이름은 정자가 서 있는 곳, 즉 서해로 향하는 물과 염하로 향하는 물이 갈라지는 데 있는 그 땅의 모양이 마치 제비 꼬리 같다 하여 붙여진 것이다. 정묘호란 때 후금과 형제의 관계를 맺는 강화조약이 체결된 장소이다.

사진에 성벽처럼 보이는 것은 연미정이 자리 잡고 있는 월곶돈대의 윗부분이다. 인천광역시 유형문화재 제24호이다.

# 1. 프랑스 배

—

### 병인양요


    고종 3년(1866, 병인) 음력 9월 하순, 양헌수梁憲洙<sup>*</sup>는 염하 인근의 통진(김포) 땅 덕포진德浦鎭 앞을 서성거리고 있었다. 잠을 이루지 못하는 날들이 이어지자 신경이 날카로워지고 생각은 엉켰다. 프랑스군이 강화도에 쳐들어 와, 한양을 방어하기 위해 특별히 설치된 방위 거점의 하나인 강화유수부江華留守府를 점령한 지 보름이 넘었다. 뒤에 '병인양요丙寅洋擾'라고 부른 사건이 일어난 것이었다.

    군함을 타고 움직이며 신식 무기로 무장한 프랑스군을 몰아내야 하는 조선군 장수로서의 그의 임무는 애초부터 불가능한 것이었는지도 몰랐다. 군사들이 들고 있는 총부터가 비교가 되지 않았다. 조선군의 총은 사정거리가 짧은 데다가 장전하고 발사하는

데도 시간이 걸렸다. 그렇다고 명을 받은 신하요 외적으로부터 백성을 지켜야 할 군대의 지휘관인 그에게 포기란 있을 수 없었다.

가을바람이 차가웠다. 마음이 답답하여 양헌수는 목표도 없이 걸음을 옮겼다. 항상 옆에서 자기를 지키고 돕는 병사가 걱정스런 얼굴로 함께 걸었다. 뒤미처 따라온 노비는 위에 걸칠 옷을 받들어 올렸다. 그는 받지 않았다. 그 노비의 허술한 옷차림이 눈에 들어오고, 군사들의 밥을 짓느라 난들에서 옹송그린 채 종종걸음 치는 주변의 백성들도 측은했다. 제대로 보살피기는커녕 난리를 막지 못해 큰 고생을 시키고 있으니 이 모두 나랏일을 맡아 벼슬살이를 하는 자들의 책임이었다.

---

**양헌수** (1816~1888, 순조 16~고종 25)
문무를 겸비한 장수이다. 이항로에게 유학을 배웠으나 벼슬을 하여 부모를 봉양하기 위해 무과에 응시, 무인武人이 되었다.

병인양요 때의 공적으로 한성부 좌윤으로 진급하였고 후에 황해도 병마절도사가 되었다. 보수적인 위정척사론자로서 특히 강화도 조약 당시에는 김병학, 홍순목 등과 함께 개항에 반대했다.

병인양요를 기록한 『병인일기』 『정족산성 접전사실』 등의 기록을 남겼는데, 전자는 그의 문집 『하거집荷居集』에 '출전일기'라는 제목으로 실려 있으나, 그 서술은 조금 다르다.

『병인일기』

문득 부근에 무덤이 있다는 뱃사공 손돌*이 떠올랐다. 가까이 있는 염하의 '손돌목'은 그의 이름에서 유래된 지명이었다. 무덤에서는 해마다 음력 10월이면 그의 제사를 지내는데, 올해도 준비를 하고 있다는 말을 얼핏 들은 성싶었다. 강화도로 난리를 피하던 임금은 손돌을 의심하였지만, 죽으면서도 그는 충성을 다하여 임금을 살렸다고 하였다. 그저 민간에 전해오는 이야기일지라도, 무언가 간절한 것이 양헌수의 가슴에 와닿았다.

그의 걸음은 손돌의 무덤 쪽을 향하였다. 프랑스 군대를 몰아내어 나라를 위기에서 구할 방책이 떠올라 주기만 한다면 무슨 일이라도 하겠다는 마음으로, 그는 기도를 하듯 천천히 걸었다. 양헌수는 정말 죽은 손돌이 꿈에라도 나타나서 그 방책을 가르쳐주었으면 하는 심정이었다.

긴박하게 돌아간 지난 얼마 동안의 일들이 물결처럼 밀려왔다 지나가곤 했다.

---

**손돌목과 손돌 이야기**

손돌목은 염하 중부에 있는 S자 모양으로 굽은 해협이다. 폭도 좁아서 썰물 때는 유속이 매우 빠르다. 게다가 바닥에 암초가 많아 배들이 난파하는 경우가 많았다. 배가 조강 본류로 진입하여 한양에 가기 위해서는 반드시 통과해야 하는 수로이나, 물때와 바람 방향을 맞추지 못하면 거슬러 올라가기 어려우므로 부근에서 대기해야 했다. 이런 조건들이 이곳을 군사 요충지로 만들어서, 조선 시대에 해협 양쪽에 광성보와 덕포진, 그리고 그에 딸린 여러 돈대가 설치되었다.

손돌 이야기는 손돌목이 있는 경기도 김포와 강화 지역에서 전해 내려오는 전설이다.

손돌은 고려 때의 뱃사공이었다. 난리가 일어나서 강화도로 피신 가는 임금을 모시게 되었다. 손돌이 노 젓는 배는 손돌목 부근에서 앞으로 나가지 못하고 맴돌았다. 불안했던 임금은 손돌을 의심하며 그가 자신을 함정에 빠뜨리려고 일부러 험한 물길로 간다고 생각했다. 그래서 신하를 시켜 손돌의 목을 베도록 명령했다. 손돌은 바가지 하나를 물에 띄우며 "저 바가지를 따라 배를 저어가면 무사히 염하를 건널 수 있을 것입니다"라는 말을 남기고 죽었다. 손돌의 말대로 하자 과연 왕을 태운 배는 무사히 그곳을 빠져나와 목적지에 당도할 수 있었다. 왕은 그제야 자신의 잘못을 뉘우치고 손돌의 주검을 거두어 부근에 묘를 쓰고 제사를 지냈다.

그 이후 손돌이 억울하게 죽은 물목을 '손돌목'이라 부르고 음력 10월 20일쯤 부는 바람과 추위를 이곳 사람들은 '손돌 바람' '손돌 추위'라 하였다. 죽은 손돌의 원혼이 바람과 추위를 몰고 온다고 하여 붙인 이름이었다.

**광성보 쪽에서 본 손돌목**
물가에 있는 용두돈대와 둥그런 모양의 손돌목돈대가 보인다. 건너편 김포 땅에 덕포진과 손돌의 묘가 있다.

제2장 조강으로 몰려오는 외국 배들

양헌수가 고민에 빠져 손돌의 무덤 쪽으로 걷고 있던 날로부터 약 한 달 반 전인 음력 8월 10일(양력 9월 18일), 프랑스 극동함대 사령관 로즈 제독이 이끄는 프랑스 군함 3척이 서해에 나타났다. 그들은 조강의 여러 포구를 지나 양화진 옆 서강西江까지 올라왔다. 그러는 동안 지형을 관찰하고 물길을 탐사한 뒤 일주일 만에 본부가 있는 청나라로 돌아갔다. 외국인의 이양선 함대가 한양의 코밑까지 들이닥쳤으니 백성들은 경악했고, 조정은 허둥지둥 한강 연안의 방비를 보강하였다. 미국 상선 제너럴셔먼호가 대동강에 진입했다가 선원이 모두 죽고 배도 불탄 사건이 일어난 지 채 보름도 되지 않은 때였다.

사실 프랑스가 무슨 일을 저지를지 모른다는 소문이 여러 달 전부터 돌고 있었다. 프랑스 신부 여럿을 조선이 처형했기 때문이었다. 당시에 흥선대원군(이하 '대원군')은 조선 제26대 왕인 고종의 아버지로서 어린 왕을 대신하여 정권을 행사하고 있었다. 그는 개항을 하면 나라가 위태롭다고 판단하여 문을 걸어 잠그는 '쇄국정책鎖國政策'을 폈다. 그즈음에는 임술농민항쟁(1862, 철종 13)으로 대표되는 조선의 정치적 폐단과 그 중심 이념인 성리학에 실망한 사람들 사이에서 '서학'(천주교)이 부쩍 퍼지고 있었다. 대원군은 서양인과 그들의 서학이, 왕권을 지키고 전통적인 유교적 질서를 유지하는 데 무엇보다 해롭다고 보아 병인년(1866)에 천주교 금압령을 내리고 수천 명의 조선인 신도와 함께 베르뇌 주교를 포함한 프랑스 신부 9명을 처형했다. 이 사건이 '병인박해'인데, 흔히 이것을 병인양요의 직접적 원인으로 본다.

그런데 숨은 이유가 또 있었다. 당시 러시아는 해외 진출을 위해 겨울에도 얼지 않는 항구(부동항)를 찾아 남하정책을 폈고, 영국은 이를 저지한다는 명목 아래 자기 세력을 확장하고 있었다. 프랑스는 연해주를 차지한 러시아의 남하정책을 막아야 한다는 점에서 영국에 동의하나, 식민지 획득 전쟁에서 최대 경쟁 상대인 영국의 세력이 커지는 것은 못마땅했다.

이때 프랑스는 한반도의 조선에 주목했다. 이미 미국이 장악하고 있는 일본을 욕심내기 곤란한 상황에서 영국과 러시아를 한꺼번에 견제할 수 있는 곳이 바로 조선이었다. 마침 본국 신부의 처형 소식이 들려오니 명분도 그럴듯했으므로 함대가 출동한 것이다. 이처럼 프랑스군의 침입 이유 가운데 하나는, 한반도를 먼저 차지하여 동북아시아에서 입지를 강화하려는 목적이 깔려 있었던 것이다.


프랑스군은 제1차 침입 때, 서해에서 조강으로 들어가려면 염하 수로를 거쳐야 하는데, 그곳은 좁아서 함대가 움직이기 곤란하고 연안 경비 또한 견고함을 알았다. 얼마 전에 대동강에 선불리 들어갔던 제너럴셔먼호가 모래톱에 처박혀 빠져나오지 못했다는 사실도 알고 있었을 것이다. 그래서 이번에는 한양까지 들어가지 않고 조강의 수로를 막는 작전을 펴기로 했다. 한양으로 들어오는 항로를 차단하여 물자 운송 길이 막히면 조선이 굴복하여 그들의 요구를 들어줄 것이라 여긴 것이다.

음력 9월 3일, 로즈 제독은 다시 군함 7척에 군인 1,000여 명을 태우고 나타나 제물포(인천) 앞바다의 물치도(작약도) 부근에 정박하였다. 물치도는 염하 수로를 막기에 좋고 부근의 수심이 깊은 섬이었다. 그들은 이내 수로를 봉쇄하고 4척의 함정과 해병대가 강화성을 공격하여 음력 9월 6일 강화유수부를 점령하고 사람을 살상하며 물자를 약탈하였다.

프랑스군의 강화도 점령에 온 조선이 놀랐다. 이에 조정은 급히 양헌수를 포함한 여러 장수들에게 출정을 명하는 한편, 프랑스군의 침입에 항의하고 철수하라는 공문을 보냈다. 프랑스는 이에 응하지 않고 자기 나라 신부의 살해에 대해 배상하고 책임자를 처벌하며 두 나라 간의 강화조약 체결을 위해 전권대신全權大臣을 파견하라고 요구하였다. 무력을 행사하여 겁을 주면서 침입 목적을 이루고자 한 것이다.

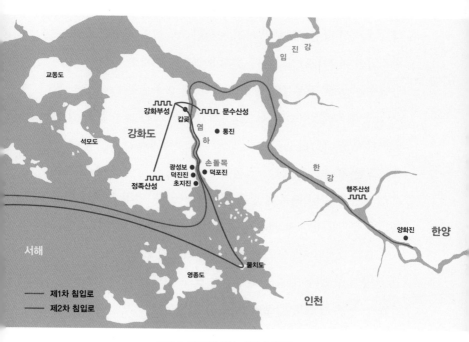

교동도

강화부성

강화도

석모도

문수산성

갑곶

염

하

통진

광성보
덕진진
정족산성
초지진

손돌목
덕포진

임 진 강

한 강

행주산성

양화진

한양

서해

제1차 침입로
제2차 침입로

영종도

물치도

인천

프랑스 함대의 제1, 2차 침입로

제2장 조강으로 몰려오는 외국 배들

양헌수가 급작스레 제수받은 벼슬 '천총天摠'은 군대의 고위급 지휘관으로 정3품의 벼슬이었다. 프랑스군을 격퇴하기 위해 새로 조직된 작전사령부의 야전 지휘관으로 그가 임명된 것은, 프랑스군이 제2차로 침입하여 강화유수부를 점령한 때였다. 당시 양헌수는 국왕 비서실인 승정원承政院의 동부승지同副承旨를 맡고 있었다. 무인인 그가 그런 요직에 발탁된 것은 매우 드문 일로, 꾸준히 글을 읽으며 몸가짐을 바르게 한 결과였다.

그는 프랑스가 제1차로 침공하여 한양 백성이 온통 공포에 질려 피난을 가던 때부터 깊은 근심에 빠졌다. 적의 무기가 필시 조선의 무기를 능가할 것으로 판단했기 때문이다. 다행히 그때는 그냥 물러갔지만 제2차로 와서는 강화도에 침공하여 사람을 죽이고 노략질을 했다. 강화도 백성들은 모두 산에 숨거나 육지로 피난했다. 이것은 분명 전쟁이었다. 조선 역사에서 처음 일어난 서양인과의 전쟁인데, 조선으로서는 적을 너무 모르고 있는 것이 걱정이었다. 게다가 이 싸움은 임진왜란 같은 침략 전쟁하고는 달랐다. 프랑스 신부를 죽인 조선의 처사를 문제 삼고 있으니, 지금 조정의 실권을 잡고 있는 대원군으로서는 자신의 권위에 대한 중대한 도전이었다. 외척의 60년 세도정치를 끝내고 새로운 정치를 펴려는 시점에서 그는 절대 물러서지 않을 것이고, 양헌수 자신의 생각으로도 허투루 물러나서는 안 되는 일이었다. 이것은 명백한 내정간섭일 뿐 아니라, 무력에 굴복하여 나라의 문을 열고 서학을 허용하면, 조선의 전통문화와 가치관을 심각하게 훼손하는 일이 줄지어 일어날 터였다. 보아하니 싸움이 길어지기 쉬운 상황이었고, 장기전이 되면 될수록 오랜 당쟁과 세도정치 속에서 보살핌은 커녕 수탈당해온 백성들만 피해를 입을 판이었다. 여러 가지가 불리한 상황에서, 어찌하면 가능한 빨리 이 싸움을 끝내고 조선 땅에 대대로 내려온 것들을 지킬 것인가.

천총으로 임명된 양헌수는 통진으로 내달았다. 프랑스군이 주둔하고 있는 강화도의 갑곶이 건너다뵈는 문수산성*에 도착하여 실정을 살펴보니 참으로 한심하였다. 급하게 구성된 데다가, 수백 년 동안 전쟁을 치러보지 않은 게 조선의 군대인지라, 군량미조차 충분하지 않은 상황이었다. 그는 급히 가까운 경기도, 황해도의 군사를 모아 전력을 키우고, 총 쏠 줄 아는 전국의 포수(사냥꾼)를 모집한다는 통지문을 돌렸다. 또 경강에서 주로 상업용으로 쓰던 배(경강선)들을 징발하여 군사를 태워 강령포와 조강포에 주둔시켰다. 거기가 프랑스군이 있는 데서 가까울 뿐 아니라 문수산성이 배후에 버티고 있어 적이 조강에 본격 진출하는 것을 막기에 좋은 위치였기 때문이다.

양헌수는 문수산성을 책임진 초관哨官 한성근에게 당부하였다. 그는 바로 이곳 통진 출신으로, 책임감이 강하고 판단이 뛰어

## 문수산성

문수산성은 김포반도 북서쪽, 염하 옆에 있는 산성으로, 강화도의 갑곶진甲串鎭을 마주 보고 있다. 이 성이 자리 잡은 문수산은 김포에서 가장 높은 산으로 강을 내려다보는 형세이다. 따라서 삼남 지방에서 서해를 따라 올라온 배가 서울로 들어가기 위해 거치는 염하 수로를 지킴은 물론, 해안으로 침범하는 외적을 방어하기에 적합한 성이다.

문수산성은 두 차례의 호란(정묘호란, 병자호란)과 삼전도의 굴욕을 겪은 후 왕의 피난처인 강화도를 지키기 위해 숙종 8년에 시작하여 숙종 20년(1694)에 완공했다. 문수산 줄기를 따라 성곽을 쌓고 강화부에 소속된 군대를 파견하였다. 산 정상에는 지휘소인 장대將臺를 두었으며 성문 3곳, 암문 3곳을 설치했다. 순조 12년(1812)에 대대적으로 고쳤는데, 몸을 숨기고 적을 공격할 수 있도록, 다듬은 돌로 견고하게 쌓은 성 위에 낮은 담을 덧쌓았다.

19세기 이후 문수산성은 서구 열강의 침입으로부터 수도를 지키는 역할을 하였다. 병인양요 때는 프랑스군과 일대 격전을 벌이면서 해안 쪽 성벽과 문루門樓가 파괴되었다.

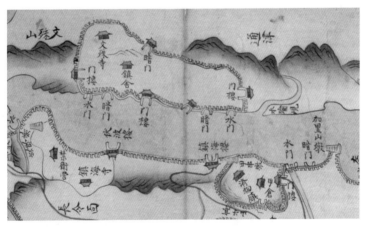

### 『해동지도』에 실린 문수산성 옛 지도

가운데 흐르는 것이 염하이며 위쪽의 성이 통진(김포) 땅의 문수산성이다. 마주 보는 아래쪽의 성은 강화성이다. 좌—우가 북—남 방향이다.

나서 양헌수가 전부터 주목했던 무관이었다.

"여기서 밤낮으로 감시를 하면서, 강화도에 주둔하고 있는 저들이 조강을 거슬러 한양으로 가지 못하도록, 어떻게든 막으시오. 우리의 무기가 저들만 같지 못하니, 정면으로 맞붙지 말고, 반드시 매복과 습격 작전을 펴야 하오. 나는 염하 아래쪽으로 가서 물치도에 있는 프랑스 함대를 감시하며, 염하 수로의 봉쇄를 풀 방책을 찾아보겠소. 저들의 계획이 무너지면 남의 땅에서 오래 버티지 못할 터이니 말이오. 얼마가 모일지는 모르나, 전국의 포수들이 오면 반을 나누어 내가 있는 덕포진으로도 보내시오. 그쪽에서 어떻게든 적한테 타격을 입혀보겠소."

〰

양헌수 앞에서 길을 잡던 병사가 멈추어 섰다. 가까운 곳에 무덤이 하나 있었다. 풀이 잘 깎이고 손돌의 이름이 새겨진 작은 비석까지 서 있어서 정성스레 보살핀 흔적이 역력했다.

노비가 다시 겉옷을 건넸다. 그의 정성을 보아 받아 걸치기는 하였으나 쌀쌀한 바람에 입술이 퍼런 그가 내내 안쓰러웠다. 머지않아 겨울이 닥칠 텐데, 이 싸움을 어찌 끝내야 하는가.

염하는 강이면서 바다이기에, 차가운 바람에 갯내가 진하였다. 바로 옆에 '손돌목'이 보였다. 염하의 거센 물살이 휘도는 강바닥에 암초까지 있어서 배 몰기가 아주 어려운 곳이었다. 건너편 비탈에 있는 손돌목돈대가 무참히 무너져 있는 게 보였다. 프랑스 군함이 대포를 쏘아 근처에 있던 진지와 마을까지 무너지고 불에 타서 얼마 전까지 연기가 오르던 데였다.

그는 다시금 손돌 이야기를 떠올렸다. 손돌은 필시 지금 자기 옆에 고개를 조아리고 있는 저 노비의 눈빛을 가진 선량한 백성이었을 것이다. 위기 상황에서 뱃사공의 목을 베는 그런 한심하고 억울한 일이 정말 있었는지는 알 수 없어도, 여기 백성들이 그런 이야기를 전하고 무덤까지 만들어 제사를 지내는 데는 깊은 뜻이 있을 터였다. 나라가 백성한테 해주는 게 없고, 다스리는 자들이 오히려 핍박만 하는 세상에서, 그래도 꿋꿋이 살아가는 백성들…… 그들이 제사를 지내는 손돌이라는 원한 맺힌 백성……

양헌수는 애달팠다. 그리고 자기도 그의 무덤에 절을 해야 할 것 같았다. 절을 하면서 무언가 뉘우치기도 하고 부탁도 하고 싶었다.

그때 병사 하나가 헐레벌떡 뛰어와서 예를 표하였다. 양헌수는 큰일이 벌어졌음을 느끼고 내심 놀랐으나 겉으로 나타낼 수는 없었다.

"무슨 일이냐?"

"예. 저는 방금 말을 타고, 문수산성에서 왔사옵니다."

문수산성이라면, 한성근 초관이 보낸 전령이었다. 병사는 품속에서 통지문을 꺼내어 올렸다. 급히 통지문을 보았다.

"프랑스군이…… 처음에는 공격을 막았으나…… 성이 무너지고 함락되었습니다."

당해내지 못하여 남은 병사들과 일단 피하니, 나중에 때를 보아 공격을 도모하는 게 좋겠다는 내용이 이어졌다.

양헌수는 크게 낙담하였다. 강화성도 함락당하고, 이제 문수산성까지 적의 수중에 떨어진 것이다.

그러나 자세히 알아야 다음에 대비할 수 있었다.

"어떻게 되었는지, 소상히 말해보아라."

전령의 생김새와 말투가 여느 군사와 달랐다. 한성근의 옆에서 문서 따위를 다루었는지, 별로 볕에 타지 않은 모습이었다. 그의 이야기는 대략 이러하였다.


강화도 쪽 갑곶나루에서, 이른 아침부터 프랑스 병사들이 배 3척을 타고 염하를 건널 차비를 하였다. 모두 합치면 군사가 100명이 넘는 큰 규모였다. 프랑스군은 염하를 건너와 성의 남문으로 접근하였다.

아군이 쓰는 화승총은 불을 붙여 한 번 쏘고 나면 다시 장전하는 데 시간이 걸렸다. 그러니 첫 발을 잘 쏘아야 했기에 조선군은 매복을 한 채 프랑스군이 사정거리에 들어올 때까지 기다렸다.

때가 되자 한성근은 신호를 하였다. 그 순간 문수산성에
서 총이 일제히 발사되었다. 프랑스군 여러 명이 쓰러졌다.
해안 기슭에 숨어 있던 조선군도 총을 쏘아댔다. 거기에는 의
병으로 참여한 포수들이 많이 섞여 있어 명중률이 높았다. 조
선군은 사기가 올랐다. 프랑스군에게 입힌 최초의 공격 성과
였다.

그러나 불시에 일격을 당한 프랑스군은 맹렬히 진격했
다. 그들의 총은 성능이 매우 우수했다. 끌고 온 대포 역시 그
러해서, 이내 성문을 박살 내고 성벽도 무너뜨렸다. 그들은 성
에 들어와 닥치는 대로 죽이고 불을 질렀다. 자기네 병사가 처
음에 입은 피해가 큰 탓인지, 거칠고 잔인하기 짝이 없었다.

프랑스 군함 4척이 주둔하고 있는 갑곶나루 부근은 본래 큰
배가 정박하기에 적합하지 않았다. 그래서 언젠가는 강령포나 조
강포 쪽으로 이동해야 했고, 그러려면 먼저 그 뒤에 있는 문수산
성을 점령하는 게 순서이므로, 항상 대비를 하고 있어야 했다. 양
헌수가 한성근에게 여러 번 당부한 것도 바로 그것이었는데, 이제
다 허사가 되었다. 믿고 있던 곳이 무너졌으니 이제 조강포나 강
령포는 물론이고 한양으로 가는 조강 수로 전체가 적들에게 활짝
열린 것이나 진배없었다.

"그래, 네가 보기에 프랑스 군인의 총은 우리 총과 어떻게 다르더냐?"

"예. 우리 총은 쏘면 100여 발짝밖에 나가지 못하는데, 프랑스 총은 다섯 배는 더 멀리 나가는 것 같았습니다. 무엇보다 우리 총은 화승줄이 타기를 기다려야 하는데, 적들의 것은 그냥 쏘기만 하는 것이었습니다. 게다가 적들의 대포는, 우리 것과 달리 대포알이 땅에 터지면서 폭발하여 한 발에도 피해가 컸습니다. 가까이 오지도 않고 멀리 배에서 마구 쏘아대는데도 귀신같이 적중하여……"

양헌수는 말을 중단시켰다. 짐작했던 대로였다. 참으로 암담한 상황이었다.

눈앞에 손돌의 무덤이 있었다. 양헌수는 자세를 가다듬고 정성스럽게 절을 올렸다. 그대의 원통함을 잘 아옵니다. 저희가 빠져 있는 이 어려운 처지를 알아주옵소서. 무엇이든 도와주시옵소서……

날이 어두워지기 시작했다. 양헌수는 일어나서 덕포진으로 돌아가는 길을 잡았다.

그때 그의 눈에 염하 건너 강화도 땅에 있는 산성이 저녁놀 속에서 우뚝 솟아올랐다. 정족산성이었다. 단군의 세 아들이 쌓았다 하여 삼랑성三郎城이라고도 불리는 그 성은, 지세가 험준한 천연 요새였다. 그 안에는 나라의 보물 중 보물인『조선왕조실록』을

제2장 조강으로 몰려오는 외국 배들

보관하고 있는 전등사가 있었다.

그렇다. 저 신령스런 성으로 가야 한다. 빼앗긴 강화도 땅을 되찾고 염하의 물길을 막은 저들을 위협할 곳은 저곳이다. 프랑스 군이 주둔하고 있는 강화부와 갑곶진에서 20여 리 밖이니, 적당한 거리이다. 물치도에 정박하고 있는 저들의 군함도 감시할 수 있는 곳이니, 우리가 저기서 진을 치고 노리는 한, 저들은 더 이상 염하 수로를 가지고 우리를 위협하기 어려울 터이다. 잘하면 염하를 다시 마음대로 오갈 수 있게 될지도 모른다. 저 성이 노상 저기 있었는데, 왜 여태 그 생각을 못 했던가.

정족산성

그러나 정족산성으로 들어가는 일은 간단하지 않았다. 염하를 건너려면 우선 물때와 바람이 맞아야 했다.

그동안 적은 강화성 안의 훈련도감 화약고에 불을 질렀다. 문수산성 전투에서 입은 피해를 앙갚음한다고 여기저기서 마구 노략질을 한다는 소식도 들렸다. 그들로서는 그 모두가 조선을 압박하는 수단일 터였다.

시간이 갈수록 정족산성으로 들어가는 일은 적이 점령하여 판치는 땅에 목숨을 걸고 들어가는 사생결단 작전이 되었다. 또 결정적 일격을 가하지 못하면 패하거나 질질 끌려가게 되는, 마지막 작전이나 같았다.

양헌수는 때를 기다렸다. 물때와 바람이 맞더라도, 프랑스군 몰래 건너려면 밤이라야 했다. 작전을 짜고 때를 기다리며, 양헌수는 나라와 백성을 위해 자기가 죽을 곳이 바로 정족산성이라는 생각을 굳혔다.

그때 한양의 본가에서 보낸 집안 조카가 왔다. 그는 겨울옷 보따리와 편지를 가지고 와서 전하였다.

"출전한 이래로 집에 소식 한 장 없으니 어찌 그러실 수 있습니까? 답서라도 적어주십시오."

양헌수는 붓을 들었다. 결심을 나타내는 말을 적고, 그 옆에 자기가 죽으면 어디에 장사 지내라는 말도 적었다.


말에 오르면 집을 잊고               上馬忘有家
성을 나서면 내 한 몸을 잊노라        出城忘有身


마침내 기다리던 때가 왔다. 그는 전국에서 모인 포수까지 합친 군사 500여 명을 덕포진에 정렬시켰다. 배는 3척뿐이었다. 원래는 4척이었으나 가까운 포구에 대기 중이던 1척은 군사와 사공이 짜고서 도망쳐버렸다. 참으로 한심한 노릇이었다.

양헌수가 군사를 점호한 후 배에 오르게 하자 군사들은 주춤거렸다. 본래 군인이 아닌 포수들은 더욱 눈치만 보고 있었다. 양헌수는 분연히 칼을 꺼내 들었다.

"너희들은 배 타기가 그토록 겁나느냐? 비겁한 병졸은 비록 10만이라도 아무 소용이 없다. 겁나면 모두 가거라. 나 혼자라도 건너가 적과 상대하겠다."

양헌수의 비장한 선언에 그제야 군사들이 배에 오르기 시작했다. 프랑스군의 습격도 습격이지만, 바닷물과 배 사정으로 한꺼번에 이동할 수 없었다. 염하 물길을 잘 아는 통진 출신 군사의 안내에 따라 여러 번에 걸쳐, 여러 곳으로 나누어 건너갔다.

건너편 덕진진을 거쳐 군사들은 어둠을 뚫고 정족산으로 올라갔다. 군사들은 숲속에 이상한 기척이 있다며 멈칫대기 일쑤였다. 양헌수는 이를 악물고 진땀을 흘리며 앞장서 그들을 이끌었다.

전등사 스님들이 마중을 나와, 전날 프랑스군이 절에 와서 고기를 먹고 술을 마시는 등 온갖 행패를 부렸다고 하였다. 양헌수는 그들과 마주치지 않고 성까지 들어온 것을 다행으로 여겼다. 전열을 갖추기 전에 공격을 받았으면 꼼짝없이 당했을 테니, 정말 손돌이 도왔는지도 몰랐다.

날이 밝자 피난 갔던 백성들이 돌아와 숨겨둔 짐승과 곡식을 내놓았다. 자신들도 굶주리면서 군사를 먹이기 위해 그러는 것이었다. 양헌수는 본가에서 지어 보낸 두꺼운 옷을 군사들 가운데 입은 게 허술한 자에게 주었다. 문수산성에서 피해를 본 프랑스군이 황해도 땅에까지 대포를 쏘아 화풀이를 했다고 들었는데, 전쟁을 책임진 장수로서 자기 몸만 돌보고 있을 수는 없었다.

한성근 초관이 문수산성 싸움에서 도망치지 않은 병사들과 황해도 포수 여럿을 데리고 정족산성으로 들어왔다. 그들을 맞는 군사들의 얼굴에 화색이 조금 돌았다.


화력 면에서는 프랑스군을 이길 수 없다고 판단한 양헌수는 매복 작전을 쓰기로 했다. 산성을 차지하고 있는 유리한 위치를 활용하여 총 잘 쏘는 포수들을 곳곳에 박아놓았다.

음력 10월 3일(양력 11월 11일) 아침, 200명 가까운 프랑스군이 성을 공격하기 시작했다. 조선군은 숨을 죽인 채 기다리다가 일제히 기습 공격을 시작했다. 그리고 필사적으로 싸웠다. 성의 지형이 조선군에 유리한 데다 호랑이도 잡던 포수들의 조준 사격이 성과가 컸다. 한바탕 전투가 끝나고 살펴보니, 프랑스군은 여러 명이 죽고 또 무수히 부상을 당하였다. 그러나 양헌수의 부대는 전사자 1명, 부상자 4명에 그쳤다.

오후가 되어 조선군은 탄알이 모두 떨어졌다. 모두 맥을 놓은 채 낙담하고 있는데, 하늘이 도왔는지 적 또한 총 쏘기를 중지했다. 얼마 후 부상자를 옮기는 프랑스군의 뒷모습이 보였다. 후퇴

**정족산성 전투**
강화역사박물관에 모형으로 재현되어 있는 모습.

명령이 내려진 것이었다. 조선군을 얕잡아보고 대포도 없이 적은 군사로 험준한 성을 공략하려다가 프랑스군은 대가를 호되게 치른 셈이었다.

　죽을 고비를 벗어난 군사들에게 백성들이 정성껏 밥을 지어 먹였다. 양헌수는 밥이 목에 넘어가지 않았다. 프랑스군이 모든 병사를 데리고, 있는 무기를 전부 동원하여 대대적인 반격을 해온다면 도저히 막아내기 어렵다는 것을 그는 잘 알고 있었다. 그러면 강화도 수복은 물론 염하 수로 봉쇄를 해체하려던 자기의 계획은 물거품이 되는 것이었다.

　허나 다행히 그런 일은 일어나지 않았다. 전투는 그것으로 끝이었다. 로즈 제독은 자신의 계획이 조선을 너무 얕본, 무리한 것이었음을 깨닫고 대책을 궁리하였다. 점점 바닥을 드러내는 식량, 다가오는 겨울, 부상자와 사기가 떨어진 군사들…… 그는 결국 철수를 결정했다.

　전투 이틀 뒤, 프랑스군은 점령하고 있던 강화유수부의 모든 관청 건물과 민가 수백 채를 불태웠다. 약탈과 살인도 서슴지 않았다. 이미 챙겨두었던 수많은 책과 은괴 상자, 보물 등을 갑곶에 정박해둔 배로 옮겼다. 실을 수 없는 것들은 불에 던지거나 바다에 버렸다. 그들은 강화도를 점령한 지 약 한 달 만에 갑곶진을 떠나 물치도의 본 함대로 돌아갔다가 10월 12일 조선을 완전히 떠났다.

　　　　　　　　　　　제2장　조강으로 몰려오는 외국 배들

## 프랑스군이 가져간 외규장각 도서

왕립 도서관인 규장각은 정조 때 창덕궁에 세워졌다. 외규장각은 규장각의 분소로서 강화유수부 안에 있었다. 병인양요 전까지만 해도 5,067권의 중요 서적을 보관하고 있었다. 로즈 제독은 이 중에서 수백 권의 의궤(조선 왕실 행사를 글과 그림으로 정리 한 책)와 고문서를 강탈하여 프랑스로 보냈고, 그것은 파리왕립도서관에 보관되었다.

건물은 마구 불태웠던 프랑스군이 외규장각 도서를 소중하게 챙긴 이유는 무엇일까?

19세기 중엽만 하더라도 서유럽은 문화적으로나 경제적으로 세계 최상이라고 자 부하기 어려웠다. 통상에서 중국에 밀리고 문화적으로도 동아시아가 앞선다는 인식 이었다. 동아시아에 진출하기 위해서는 먼저 그곳을 이해해야 했으므로 그들에게 동아시아 서적은 중요했다. 그래서 약탈과 방화를 일삼던 프랑스군도 외규장각 도 서를 귀하고 값나가는 물건으로 여겼던 것이다.

2011년 프랑스에 빼앗긴 외규장각 도서 중 75권이 대여 형식으로, 그 이후 같 은 방식으로 297권이 145년 만에 한국에 돌아왔다. '반환'이 아니라 5년마다 자동 갱신되는 '영구 임대'인 이유는 프랑스가 자신들이 불법으로 소유하고 있다는 것을 인정하지 않기 때문이다.

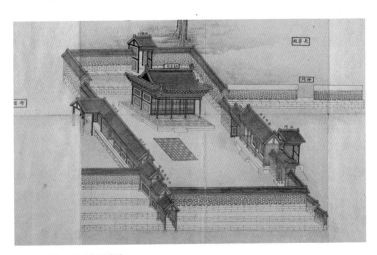

### 강화도의 외규장각
「강화부궁전도」의 한 부분.

정족산성에서 나올 때, 양헌수는 멀리 손돌목과 손돌의 무덤이 보이는 산마루에서 한참을 서 있었다. 모든 게 불리한 싸움이었으나, 천지신명天地神明의 도움으로 침입자를 물리쳤다. 그러나 물리쳤다기보다 스스로 물러갔다는 게 맞을지 모르고, 어느 나라 사람이든 누군가 분명 다시 올 터인데, 그때는 막기 어려울 게 확실했다. 우리가 얼마나 뒤떨어져 있는지, 이번 전투에서 분명히 드러나지 않았는가. 우리라면 하지 않았을 짓들을 마구 한 걸 보면, 그들은 분명 우리와 다르다. 위정척사衛正斥邪(정학正學인 주자학을 지키고 서학과 같은 사학邪學을 물리침)는 필요하다. 하지만 그들은 다시 올 터이고 그때는 승산이 없다. 그러면 적의 힘에 굴복하여 사학을 정학으로 받들게 되는 것인가. 우리의 땅과 문화를 우리 스스로 지키려면, 앞으로 어찌해야 할 것인가…… 무력 앞에서, 정학이란 무엇이고 사학이란 무엇인가……

〰️

청나라로 돌아간 로즈 제독은 선교사 학살에 대해 보복했다고 주장하였으며, 프랑스 정부도 성공한 원정으로 간주했다. 하지만 프랑스는 개항을 위한 외교 조약 체결이라는 최종 목표를 달성하지 못하였다. 원정의 직접적 이유였던 선교사 처형에 대한 응징도 하지 못했다.

　프랑스가 전쟁에 패했다면 조선은 이긴 셈이었다. 그러나 대원군과 조정은 병인양요의 승리를 조선의 앞날을 위해 잘 활용하지 못하였다. 국력을 기르고 국방을 근대화할 부국강병富國强兵의 기회를 얻었지만 그러지 않았기 때문이다. 이 전쟁 이후 천주교도들은 오히려 더 탄압을 당했으며 쇄국정책도 강화되었다. 그러므로 이 사건 후 덕진진에 세운 해문방수비海門防守碑*에 새겨진 대원군의 자신만만함과 완강함은 조선의 미래에 그다지 득이 되는 게 아니었는지도 몰랐다.

## 덕진돈대의 해문방수비

위의 사진은 병인양요 직후인 1867년 대원군의 명으로 강화도 덕진진의 염하 강변에 세워진 경고비이다. 결연한 쇄국의지를 담은 '해문방수타국선신물과海門防守他國船愼勿過—바다의 관문을 막고 지켜서, 다른 나라의 배가 지나지 못하게 하라—라는 글자가 음각되어 있다.

아래 사진은 병인양요 5년 후에 침입한 미국군이 덕진돈대를 점령한 모습이다. 돈대 오른쪽의 염하 쪽 비탈이 해문방수비가 세워진 곳이다.

# 2. 미국 배

—

## 신미양요

신미년(1871, 고종 8) 음력 4월에 미국 배가 침입하자 순무중군巡撫中軍으로 어재연魚在淵*이 임명되었다. 그의 나이 49세 때였다. 그는 5년 전 벌어진 병인양요 때 강화도의 광성보廣城堡를 수비한 적이 있었는데 다시 그곳을 맡게 되었다.

광성보에는 강화도 땅의 여러 진지를 통솔하는 지휘부가 있었다. 염하 중부에 위치하였고 바로 옆에 손돌목이 있어서 조강을 통해 한양으로 들어오는 적을 막기에 좋은 지형이었다. 무슨 일이 있어도 요새를 사수死守하며 적을 물리쳐야 하는 중요한 자리였고, 어재연이 그 일을 맡은 것이었다.

오랜만에 돌아온 염하의 물은 여전히 탁하였다. 상황 역시 전처럼 좋지 않았다. 이번에 침입한 미국군은 병인양요 때의 프랑스

군보다 훨씬 규모가 크고 강한 게 분명했다. 그러나 서둘러 불러 모은 조선 군사들은 현지 사정에 어두운 자가 대부분이었고, 훈련 상태도 제각각이었다. 무엇보다 무기와 시설이 문제였다. 병인양요 후에 돈대를 수리하고 대포를 많이 설치하였다고 하나, 형편이 크게 나아졌다고 보기 어려웠다. 대포 가운데는 청나라에서 도입한 홍이포紅夷砲가 섞여 있었는데, 탄약을 장전한 후 불을 붙여 발사하는 데 시간이 걸리고 발사된 '포알'이 폭발하지 않아 살상력도 떨어져서 어재연의 마음에 들지 않았다. 탄환을 막는 갑옷으로 새로 개발한 면제배갑綿製背甲*이 그나마 도움이 될 것 같았다.

---

**어재연**(1823~1871, 순조 23~고종 8)

조선 시대의 무장武將이다. 아버지가 일찍 사망하자 집안일과 무예 연습을 병행하여 열여덟 살에 무과에 급제했다. 장단부사를 거쳐 공충도公忠道 병마절도사가 되었고 병인양요와 신미양요 때는 광성보 방어를 맡았다. 현재 충북 음성군 대소면에 동생 어재순의 묘와 나란히 그의 묘가 있다. 시호는 충장忠壯이다. 충장사는 그를 기리는 사당인데, 안에 형제의 충절을 기리는 쌍충문雙忠門이 있다.

**광성보의 쌍충비각**

안에 어재연, 어재순 형제의 충절을 기리는 비가 있다.

　그 옆의 비는 순국한 이들을 기리기 위해 근래에 세운 순절비이다.

제2장 조강으로 몰려오는 외국 배들

**면제배갑**

면으로 만든 갑옷으로, 줄여서 '면갑'이라 부른다. 세계 최초로 무명을 13겹 겹쳐 만든 개인용 방탄조끼이다. 대원군의 명에 따라 병인양요 직후에 만들었고, 신미양요 때 병사들이 입고 싸웠다. 실제로 총탄을 막아내긴 했으나 입고 있으면 너무 더웠고 불에 약한 약점이 있었다.

'존왕양이尊王攘夷'(임금을 존숭하고 외부의 오랑캐를 물리침)와 '사대교린事大交隣'[큰 나라를 섬기며 이웃 나라(일본 등)를 교화시킴]은 태조 임금 때부터 내려온 외교의 기본이었다. 그러므로 외국군의 침입 대책을 논의하는 조정 대신들 입에서 그 말이 자주 나오는 것은 당연했다. 하지만 지금은 세상의 변화에 따른 현실적인 대비책이 필요하다. 어재연 자신은 정치와 거리가 있는 무신武臣이고, 지금 입 밖에 꺼내면 큰일 날 말이겠으나, 가령 그 말에서 '큰 나라'가 과연 여전히 중국이며 왜 계속 섬겨야 하는지를 냉정하게 따져볼 필요가 있었다. 무엇보다 먼저 적들이 쇠로 만든 증기선 군함을 가지고 있으면 우리도 확보해야 하며, 또 그것을 공격할 신식 대포도 있어야 했다. 그런 것은 말로만 되는 게 아니었다.

어재연은 심란한 마음을 다스리며 급히 군사를 훈련하고 전술을 짰다. 600여 명의 병사를 3개 돈대墩臺*(손돌목돈대, 광성돈대, 용두돈대)에 배치하고 140여 문의 각종 대포를 총동원하여 배치하였다. 그는 넓은 천에다 장수를 가리키는 글자 '수帥'를 넣어 깃발을 만들도록 했다. 자기가 있는 곳에 걸어두고 위엄을 보이면서 끝까지 일사 분란하게 지휘하기 위함이었다.

그는 어느 날 잠시 염하의 물을 바라보고 있었다. 물때로 보자면 밀물의 도움을 받아 조강포나 마근포까지 가서 하룻밤을 자는 배들이 북쪽으로 가느라 분주한 시간이었지만, 외적 침입 소식에 한 척도 보이지 않았다. 염하의 물길이 사실상 막혀 있으니 하

---

**진鎭 · 보堡 · 돈대墩臺**

군사상 요충지에 설치하고 군인이 주둔하는 진지로, 규모는 진〉보〉돈대 순이다. 대개 하나의 진에는 여러 개의 보와 돈대가 소속, 설치되었다. 돈대는 적의 움직임을 살피거나 공격을 방어하기 위해 설치한 초소인데 주변보다 높게 작은 성처럼 조성하되, 밖은 가파르게 하여 적의 침입을 막고 안에서는 총, 활, 대포 등을 쏠 수 있게 하였다. 1678년(숙종 4) 바다를 지키는 진무영 본영을 강화도에 설치하고 이듬해 48개 돈대를 해안에 지었다. 그 후 6개가 추가되어 강화도의 돈대는 모두 54개가 되었다.

---

　　　　　　　　　　　제2장　조강으로 몰려오는 외국 배들

루빨리 뚫어야 했다.

그때 불쑥 동생 어재순이 나타났다.

"형님 밑에서 싸우겠습니다."

동생의 말에 어재연은 즉각 반대하였다. 자기가 이미 목숨 내놓을 각오를 한 마당에, 동생의 종군은 막고 싶었다. 이번 싸움은 병인양요 때 프랑스군하고의 그것과는 달랐다. 적들도 몇 년 전에 프랑스군이 조선군을 너무 쉽게 생각했다가 패했음을 알고 있을 터였다.

"너는 고을의 일개 백성일 뿐, 임금의 명을 받들어 나랏일을 하는 나하고는 다르다. 홀로 계신 어머님 생각은 안 하느냐? 어서 돌아가거라."

이미 나라의 안정은 깨어진 상태였다. 이양선이 자꾸 나타나고 이 나라 저 나라가 통상을 요구하는 데도 조정이 쇄국을 고집하며 허둥대는 까닭에, 백성들의 충성심은 매우 옅어졌으며, 모두 의지할 데를 잃은 채 갈팡질팡하는 실정이었다. 서양 종교인 천주교가 퍼지는 데는 그만한 이유가 있었다.

"나라의 모든 게 흔들리는 판에, 네가 효제충신孝悌忠信의 덕을 실천하려는 뜻은 참으로 갸륵하구나. 허나 맨 앞에 있는 효孝를 잊고 있다. 어서 집으로 가서, 무슨 일이 생기면 내 몫까지 다해서 어머니를 모시도록 해라. 네가 형제를 위하는 제悌의 마음은, 그것으로 충분하다. 아니, 지금은 그렇게 하는 것이 그 덕을 올바로 실천하는 것이다. 알아들었느냐?"

강화까지 올 때는 이미 각오를 한 터이기에 어재순은 물러나지 않았다.

"제가 떠나올 때 친지들이 다들 공포에 떨며, 지금 강화도에는 적의 배들이 바다를 메워 들어갈 수 없다고 했습니다. 저는 생사는 하늘에 달려 있으니 두려워하지 않겠다 하였고, 보시다시피 이렇게 염하를 건너왔습니다. 그런데 지금 형님은 나라 위하는 일에 신하와 백성이 다르다고 하니, 제가 알던 형님이 맞는지 의심스럽습니다. 만일 지금 제가 그냥 집으로 돌아간다면 어머니께서도 부끄러워하실 겁니다. 저는 형님을 위하고 나라 지키는 길을 가겠습니다."

동생은 생각보다 담대하고 심지가 굳었다. 어재연 자기는 명령에 죽고 사는 신하지만 너는 그렇지 않음을 거듭 강조하였으나 나라를 지키는 일에 신하와 일반 백성이 다르지 않다는 동생의 생각을 꺾을 수 없었다.

결국 어재순은 민간인 신분으로 백의종군白衣從軍하게 되었다. 나라와 형제를 위해 전쟁터에 스스로 뛰어든 그의 행동은 두려움에 사로잡힌 군사들에게 큰 감동을 주고 사기를 높였다.

신미양요의 발단은 5년 전에 일어난 사건이었다. 그것은 1866년 병인양요가 일어나 프랑스군이 제1차로 침입하기 약 한 달 전 여름, 평양의 대동강에서 벌어졌다.

　　음력 7월 6일, 신부들을 처형한 보복으로 프랑스가 쳐들어올 거라는 소문이 파다한 가운데 이양선 한 척이 황해도의 백령도를 지나 대동강으로 들어왔다. 프랑스 배는 아니었다. 장마로 불어난 강물을 거슬러 평양까지 올라온 그 배의 이름은 '제너럴셔먼호'로, 미국의 배이되 영국 메도즈 상사에 소속되어 있었다.

　　이 배는 증기선이라 바람과 물때에 자유로웠고, 주로 상품 판매를 하는 상선商船이어서 한양을 목표로 삼지도 않았다. 이들은 교역할 물건과 함께 대포를 싣고 있었으며 선원 24명 모두 완전 무장 상태였다. 통역자는 황해도 연안의 섬에서 선교 활동을 했던 '토머스'였는데, 그들은 토머스를 통해 프랑스 함대가 쳐들어올 것이라 위협하면서 통상과 교역을 요구했다.

　　평양의 관리들은 손님을 대하는 관례대로 음식을 제공하는 한편, 제너럴셔먼호가 남의 나라의 영토에 허락 없이 들어왔으니 주권 침해임을 경고하였다. 그러나 이 배는 평양의 만경대까지 올라와 백성과 충돌하고 군인을 구속하는 등 난폭한 행동을 일삼았다. 이 배의 총과 대포에 맞아 죽거나 다치는 사람이 생겨나자 평안도 관찰사 박규수朴珪壽*는 행동에 나서지 않을 수 없었다. 마침 올 때와 달리 대동강의 물이 빠지면서 배가 모랫바닥에 좌초되어 움직이지 못하게 되었다.

"이양선이 미쳐 날뛰며 대포와 총 쏘아대는 걸 두고 볼 수 없다. 배에 불을 질러라."

백성들은 이 배의 선원들을 무도한 '침략자'로 간주하였다. 결국 울분에 찬 백성들한테 그들이 모두 맞아 죽은 후에야 평양성 안의 소요는 진정되었다.

미국은 이에 곧바로 대응했다. 황해도 장연 앞바다에 배를 정박시키고, 이 사건의 진상을 밝히고 통상을 희망하는 문서를 조정에 보냈으나 거절당했다. 미국의 배는 다음 해인 1867년과 1868년에 두 번이나 더 와서 같은 요구를 했지만 조선은 계속 완강하게 거부했다.

---

**박규수**(1807~1877, 순조 7~고종 14)

조선 시대 실학자인 박지원의 손자이다. 42세에 처음 관직으로 나갔고, 연행사절단으로 중국에 가서 국제 정세에 눈을 떴다. 안핵사로 진주민란의 진상을 조사하고 수습하다가 국내 현실을 알게 되었다. 1872년 두번째로 중국에 가서 양무운동을 목격하고 개국, 개화에 대한 신념을 굳혔다. 돌아와 대원군에게 개화의 필요성을 역설하였으나 뜻을 실현하지 못했다. 대신 김옥균, 박영효, 김윤식 등의 제자를 가르쳐 개화운동의 선구적 인물로 키웠다. 1876년 강화도조약 체결 당시 신헌을 대표로 추천하고 조정을 설득하여 조약이 체결되도록 분위기를 만들었다.

---

    남북전쟁 직후의 국내 문제를 어느 정도 해결하자, 청나라 주
재 전권공사 F. F. 로는 1871년 곧 신미년에 본격적으로 함대를 출
정시켰다. 제너럴셔먼호 생존자 조사와 관련자 응징을 구실로 내
걸었지만 조선이라는 시장의 개방이 목적이었다. 미국은 서구 열
강의 식민지 쟁탈전에 합류하여 이미 일본을 개항시킨 경험이 있
어 쉽게 목적을 이룰 것으로 생각하였다. 프랑스가 제작한 조선
지도를 입수하고 일본 나가사키에서 훈련을 한 다음, 아시아함대
사령관 J. 로저스의 지휘 아래 군함 5척에 육군과 해병 1,230명을
태우고 출항하여, 음력 4월 1일 조선 해역에 진입했다.


〰️


    미국 함대는 경기도 남양만을 거쳐 병인양요 때의 프랑스 함
대처럼 염하 수로를 봉쇄하기 좋은 제물포 앞바다의 물치도(작약
도) 부근에 배를 정박하고 조약 체결을 압박했다. 그러나 조선 조
정이 뜻대로 움직이지 않자 군함 일부가 염하로 진입하였다.
    어재연의 주력부대가 광성보에 진을 치고 있는 것은, 바로 앞
에 손돌목이 있기 때문이었다. 염하를 통과하려는 배는 물길이 좁
고 구부러진 거기에서 주춤거리거나 물때를 기다리게 마련이었
으므로, 광성보는 천혜의 요새였다. 게다가 해협 건너 통진 땅에

덕포진이 있어 협공까지 가능했다.

　미국 군함이 가까이 오자 어재연은 먼저 대포를 쏘아 결연한 의지를 보였다. 그러자 군함에서도 부근의 여러 돈대에 함포를 마구 쏘아댔다. 건너편 덕포진에서도 조선군은 맹렬히 대포를 쏘아 응전했다. 천지가 귀를 찢는 대포 소리와 불꽃, 화약 연기로 가득 찼다. 얼마 후에 미국 군함은 염하 밖으로 물러났다.

　어재연은 마침내 충돌이 본격적으로 일어났음을 한양에 알리면서, 조정에서 이제 온 나라의 군사를 소집하여 전쟁을 준비하지 않을 수 없다는 생각에 마음이 무거웠다. 허나 가장 근심스러운 것은 교전을 하면서 알게 된 미군 함포의 위력이었다. 조선군의 홍이포에 비해 월등히 멀리 나갈 뿐 아니라 파괴력도 매우 컸

광성포대

　　　　　　　제2장 조강으로 몰려오는 외국 배들

다. 벌써 군사들이 목숨을 잃고 돈대 몇 곳이 일부 무너져 내렸다.

어재연은 다음 공격에 대비하도록 지시하였다. 포격전을 처음 겪은 군사들은 얼이 빠져서 정신을 차리지 못하고 있었다. 자기를 쳐다보는 그들의 눈에는 천우신조天佑神助를 바라는 빛이 역력했다.

항상 자기 주변을 떠나지 않는 동생을 물끄러미 바라보며 어재연은 무슨 말을 하려다가 말았다. 상황을 바꾸기에는 이미 늦었다, 단지 옳다고 믿는 바에 따를 수밖에 없다는 생각이 들었다.

고개를 드니 먼 산비탈이 누런빛을 띠고 있었다. 웬일인가 하여 자세히 살피니 보리밭이었다. 그러고 보니 보리가 익는 철이었다.

동생이 다가와 가만히 말하였다.

"이제 이야기할 때가 된 것 같군요. 제가 고향을 떠날 적에 식구들한테 만일에 대비하여 몸에 표식을 하라는 부탁을 받았습니다. 형님을 위해 이 띠를 만들어주시기에 가지고 왔습니다. 남들이 하지 않는 것이라도, 상투 끝에 항상 이걸 매십시오. 저는 쉬운 대로, 버선을 뒤집어 신겠다고 하였습니다."

어재연은 말없이 그 작은 띠, 아내가 손수 만들었을 그 띠를 받았다.


조선이 계속 통상 요구를 들어주지 않자, 미군은 며칠 후 본격적인 상륙작전을 벌였다. 음력 4월 23일(양력 6월 10일), 미군은 다시 염하에 진입하여 함포로 초지진에 맹포격을 한 다음, 650여 명이 작은 배에 나누어 타고 상륙하였다. 조선군이 맞붙어 싸웠으나 초지진은 하루를 넘기지 못하고 함락되었다. 거기에는 돈대 3곳과 화약 창고가 있었는데, 모두 파괴되고 불타버렸다. 조선군은 야습을 시도하였지만 큰 타격을 입히지 못하고 물러났다.

다음 날 가까이 있는 덕진진까지 점령한 미군은, 곧장 진격하여 광성보를 향해 야포를 쏘았다. 전함도 가까이 와서 함포를 쏘아댔다. 배와 육지에서 쏘아대는 대포의 도움을 받으며 군사들이

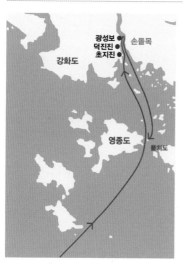

미국군의 제1차 침입로

미국군의 제2차 침입로

　　　　　　　제2장 조강으로 몰려오는 외국 배들

달려드는 수륙양면 작전이요, 어재연의 주력부대를 무너뜨리려
는 총공격이었다.

어재연의 군사 600여 명은 면갑을 입고 대포와 화승총을 쏘
며 맞섰다. 그러나 그 화력은 미군보다 훨씬 떨어졌다. 미국의 포
탄은 한번 맞으면 성벽이 무너질 정도로 강했지만, 조선 대포는 멀
리 나가지 못했고 폭발하지도 않아 적에게 큰 타격을 입히지 못했
다. 게다가 돈대들은 위로 솟아 있는 까닭에 모든 방향에서 포의
표적이 되어, 군사들이 거기서 제대로 공격을 하기 어려웠다.

시간이 지날수록 조선군은 광성보 안에 갇혀 총알과 포탄 세
례를 받기만 하는 형세가 되었다. 어재연은 수자기帥字旗 옆에서
장수들에게 급히 지시하였다.

"목숨을 걸고 가까이 붙어 싸우는 수밖에 없다. 그러니 군사를
나누어 일부는 몰래 숨어 있다가 미군이 다가오기를 기다려라."

동생 어재순은 부근에서 대포 발사를 도우며 형의 동정을 계
속 주시하고 있었다. 자욱한 포연이 앞을 가리고 화약 냄새, 주검
의 피 냄새가 진동하였다.

그러나 몰래 근접전을 펴려던 계획은, 시간이 지남에 따라
불가능해졌다. 전함에서의 포격과 육지로 접근한 미군의 협공으
로 진퇴양난에 빠진 가운데, 성벽과 포대가 무너져 내려 조선군
은 은신할 데조차 없어졌다. 조선군의 변변찮은 무기에 자신감을
가진 미군 병사들도 직접 일제히 달려들었다. 포탄에 맞은 것들이

## 하늘에서 본 광성보

광성보는 염하가 굽이치는 손돌목을 방비하는 요새이다.
손돌목의 물과 잇닿은 용두돈대, 원형의 손돌목돈대와 함께 반원형의 광성돈대
(사진 왼쪽 아래)가 보인다.

제2장  조강으로 몰려오는 외국 배들

불타는 열기와 악취 속에서 삽시간에 양쪽 군사가 맞붙는 백병전이 벌어졌다.

최후의 순간이 다가오고 있었다. 어재연은 높은 지대에 있는 광성돈대로 밀렸다. 옆에서 몸으로 막아주던 동생이 포탄의 파편에 맞았는지 비틀거렸다. 어재연은 칼을 휘두르다가 동생이 내미는 창을 받고자 손을 뻗었다. 그러나 동생은 이미 큰 부상을 입어 피를 흘리며 창을 짚은 채 바닥에 엎어졌다. 아아! 어재연의 입에서는 고함이 터졌다.

이제 다른 길은 없었다. 탄약이 떨어진 병사들, 발사한 총에 다시 탄약을 잴 겨를이 없는 병사들은 적의 눈에 흙을 뿌리며 총을 몽둥이 삼아 항전하였다. 어재연도 그들과 함께 칼을 휘두르다가 칼이 부러져버렸다. 그때 몸의 어딘가가 무엇에 찔렸지만 손에 잡히는 대로 아무것이나 적에게 던졌다. 그러나, 그것으로 끝이었다.

광성보 전투에서 조선군은 어재연, 어재순 형제를 포함해 350여 명이 전사하였다. 끝까지 싸우다 살아남은 병사들은 포로가 되기를 거부하고 자결하거나 염하에 몸을 던졌다. 그에 비해 미군은 3명이 전사하고 10여 명이 부상을 당했을 뿐이었다.

광성보를 점령한 미군은 수자기를 내리고 성조기를 걸었다.

그러나 미군은 그날 밤 거기서 초지진으로 철수하였다. 그리고 다음 날 강화도를 떠났다. 부상당해 포로로 잡힌 병사들을 인질로 마지막 협상을 벌였으나 조선이 그것도 거부하자 애초의 목적을 이루지 못한 채 미군은 본부가 있는 중국 즈푸芝罘로 돌아갔다.

미국군은 성능 좋은 무기로 큰 승리를 거두었지만, 광성보에서의 전투를 겪고 나서, 한양까지 진격해 들어가는 것은 무리라고 판단했다. 군함에 준비해온 물자도 바닥이 나고 있었다.

결국 장렬하게 싸운 조선군은, 미국으로 하여금 '함포외교艦

**빼앗긴 수자기**
미국군의 기함인 콜로라도호 함상에서 미군들이 빼앗은 수자기를 배경으로 서 있다.

　　　　　　　　　　제2장 조강으로 몰려오는 외국 배들

砲外交'를 포기하도록, 곧 조선과 전면전을 벌이지 않는 한 수교를 하기는 어렵다고 생각하도록 만든 것이었다. 그들 가운데 하나인 슐레이 소령의 회고에는 그러한 정황이 나타나 있다.

조선군은 근대 무기를 한 자루도 보유하지 못한 채, 노후한 전근대적 무기를 가지고 근대적 화기로 무장한 미국에 대항해서 싸웠다. 조선군은 결사적으로 용감하게 싸우면서 아무런 두려움 없이 그들의 진지를 사수하다가 전사했다. …… [중략] …… 아마도 우리는 가족과 국가를 위해 이보다 더 장렬하게 싸우다가 죽은 국민을 다시는 볼 수 없을 것이다.

한편 전투에서 처절하게 패배하였는데도 조선 조정에서는 결사 항전하여 외국 배를 몰아낸 사건으로 평가하였다. 병인양요에 이은 또 한 번의 승리로 간주한 것이다.

이에 고무된 대원군은 당장 전국의 요소에 척화비斥和碑*를 세워 쇄국의 결의를 다지고, 수교를 배척하는 척사斥邪 정책을 굳건히 하였다. 그 비에는 병인양요 이래 일종의 구호와도 같았던 말이 적혀 있었다.

洋夷侵犯 非戰則和 主和賣國

戒我萬年子孫 丙寅作 辛未立

서양 오랑캐가 침입하는데 싸우지 않으면 곧 화친하자는 것이요, 화친을 주장함은 나라를 팔아먹는 행위이다.

　　우리의 만대 자손에게 경계하노라. 병인년에 짓고 신미년에 세우다.


　　프랑스와 미국이 물러감으로써 조선으로서는 주체적으로 외세의 침략에 대비하고 근대화를 추진할 시간을 벌었다. 그러나 역사는 그렇게 전개되지 않았다. 패배한 싸움을 승리로 만들어 반성의 기회를 놓친 지배층은 권력 다툼에 휩쓸리고, 국론이 개화파와 척사파로 갈라져 대립을 거듭하는 동안 시간은 헛되이 지나갔다.

　　그리고 다른 외국 배가 또 나타났다.


**함양 척화비**
경남 함양군 함양읍 운림리의 상림上林
(천연기념물 154호) 길목에 있는 척화비.

# 3. 일본 배

—

## 강화도조약

    강대국의 군함에 통상을 강요당한 것은 일본도 마찬가지였다. 네덜란드, 영국에 이어 일본을 압박한 나라는 이제 막 산업혁명을 진행하고 있던 미국이었다. 물론 여러 내부 사정이 있었지만, 일본의 에도막부는 큰 저항 없이 1854년 '미일화친조약'을 맺었다. 그리고 1858년에는 '미일수호통상조약'을 체결하여 미국의 불평등한 요구를 수용했다. 이와 함께 다른 열강들과도 비슷한 통상조약을 맺었다. 조선에서 개항에 완강하게 저항한 병인양요(1866)와 신미양요(1871)가 일어나기 이전의 일이었다.

    비록 강압에 의한 개항이었지만 일본은 위기를 기회로 삼았다. 막부 시대를 끝내고 이른바 천황 시대를 연 메이지 정권은 서양 각국에 인재를 파견하였다. 서양 문물과 제도를 배운 전문가들은 일본에 돌아와 근대적 국가 체제를 세우고 서구 열강을 모델 삼아 국가 전반에 걸친 근대화 작업에 나섰다.

서양의 근대화가 제국주의로 흘렀듯, 일본 역시 얼마 지나지 않아 원료를 수탈하고 상품을 팔 시장이 필요해졌다. 두말할 것도 없이 대륙의 관문인 조선, 노략질과 전쟁을 벌이며 끊임없이 노려 왔던 조선이 1차 대상이 되었다. 서양 열강보다 뒤늦게 출발한 만큼 준비가 부족했지만 러시아, 영국 등이 조선에 손을 뻗기 전에 빨리 행동을 취해야 한다고 판단한 그들은 미국한테 당했던 방식, 즉 '함포 외교'를 모방하여 조선을 개항시키고자 하였다.

1875년(고종 12) 음력 8월 21일(양력 9월 20일), 일본은 영국 에서 사들인 최신식 군함 운요호를 조선으로 출동시켰다. 이 배는 부산 앞바다에서 무턱대고 포를 쏘며 무력시위를 하더니 강화도 앞바다까지 올라왔다. 그들은 허락 없이 바다의 깊이를 재고 해안 을 측량했다. 그리고 작은 배로 갈아타고 초지진에 접근했다가 조 선군의 경고용 포격을 받았다. 기다렸다는 듯 운요호는 맹포격을 퍼부어 삽시간에 초지진을 초토화시켰다. 그들은 남쪽으로 내려 가 다시 인천 앞바다의 영종도에 있는 영종진永宗鎭에 상륙해 사 람을 죽이고 불을 지르며 마구 약탈을 하였다. 몇 시간 만에 조선 군 30여 명이 전사하고 10여 명이 포로로 끌려갔다.

신미양요가 일어난 지 4년 만에 조선에서 다시 발생한 침략 전쟁이었다. 그런데 이 배는 조선이 응전할 겨를을 주지 않고 돌아가 버렸다. 이는 일본이 조선과 청淸, 러시아 같은 주변국의 반응을 살피며 침략의 구실을 만들기 위해, 또 계속 조선에 관심을 보이는 미국에 선수를 치기 위해 계획적으로 저지른 도발이었다. 그들의 속셈은 얼마 지나지 않아 드러났다.

당시 조선과 일본 사이의 외교적 쟁점의 하나로 '서계書契 문제'가 있었다. 서계란 조선과 일본이 주고받던 공식 외교문서로서 그 형식과 어휘가 엄격히 정해져 있었다. 메이지유신으로 근대적이고 통일된 국가를 추구하던 일본은 자신의 군주를 '천황'으로 자기 나라를 '대일본국'으로 표기하는 등 그 규범을 어겼다. 그러자 전통적으로 중국 황제를 정점에 놓는 동양의 국제 질서 속에서 일본을 하위 국가로 여겨온 조선은 그 문서를 접수하지 않았다. 현실보다 명분을 중요시한 처사였는데, 그것이 몇 해에 걸쳐 계속되어 외교와 무역이 중단되자 일본 국내의 여론이 악화되었다.

운요호사건 얼마 뒤, 일본은 육군 중장 구로다 기요타카黑田淸隆를 전권변리대신全權辨理大臣으로 임명했다. 그 직책 명칭은, 모든 권한을 주니 조선과 서계 문제, 운요호사건 등을 따지라는 것이지만 그가 맡은 핵심 임무는 개항 조약을 맺는 일이었다. 젊고 야심찬 그에게 있어 조선은 큰 나라를 섬기는 근성이 있는 나라, 힘으로 눌러야 하는 나라, 그리고 일본이 대륙으로 진출하기 위해 필요한 교두보였다. 그는 애초부터 전쟁 준비를 갖추어 전함 6척에 병력 300여 명을 싣고 1875년 12월 하순 조선으로 출항했다.

일본군은 풍도(지금의 안산시에 속한 서해의 섬), 남양(지금의 화성시) 등을 거치며 대포를 쏘고 무단으로 섬과 육지에 상륙했다. 강화도 인근을 탐색하다가 수심이 깊고 물때의 영향이 적은 인천 앞의 팔미도에 정박하였다. 그곳은 이전의 두 차례 양요 때 프랑스와 미국 배가 정박했던 물치도에서 그리 멀지 않은 곳으로, 조강 수로를 위협하면서 여차하면 그곳을 거쳐 한양으로 진격하겠다는 위협의 표시였다. 그들의 행동은 이렇게 무력을 앞세운 시위와 협박의 연속이었다.

일본 군함의 움직임은 계속 조선 조정에 보고되었다. 당시 조선 정국은 1873년 말에 대원군이 정계에서 물러나고 고종이 친정을 펴고 있어서 상황이 매우 바뀌어 있었다. 고종은 나날이 변하는 국제 정세를 무시할 수 없었다. 개화파의 주장 때문에 외국과의 통상을 마냥 반대할 수 없기도 했거니와, 대원군이 다시 집권하는 걸 막기 위해서라도 쇄국을 고집한 그와는 다른 정책을 펴야 했다.

고종은 운요호사건 때처럼 일본군이 육지에 상륙해 백성을 살육하기 전에 그들을 상대해야 한다는 박규수 대감의 말을 따랐다. 고종은 판중추부사 신헌申櫶*을 접견대관으로 임명했다. 박규수는 자기와 동학同學인 데다 문무를 겸비한 그를 신뢰하였고, 고종과 다른 대신들은 신헌이 아직 그 세력을 무시할 수 없는 대원군과 관계가 좋은 편이니 일을 무난하게 처리할 사람으로 보았다. 일본과의 국제적 대립만이 아니라, 개화파와 척사파斥邪派라는 국내 세력들 간의 오래된 대립도 격화된 상황이었다.

～～～

병자년(1876) 음력 1월 중순, 회담이 시작되기 며칠 전이었다. 날씨가 무척 추운 데다 눈발까지 뿌렸다. 신헌은 이른 새벽 강화 감영의 숙소에서 눈을 떴다. 오래전부터 그를 괴롭혀온 기침이 터져서 한참 동안 정신을 차리지 못하였다.

꿈을 꾸었다. 오랜만에 스승님을 뵈었으니, 꿈이라도 좋았다. 청년 최한기가 청나라의 연경(지금의 베이징)에서 새로 입수한 책을 박규수와 김정호에게 보이는 중이었고, 그들보다 몇 살 어린 신헌 자신은 스승 김정희에게 차를 올리고 있었다. 틈만 나면 스승의 집에 모여 책을 돌려 읽으며 토의하고 저술하던 시절의 모습이었다. 그 자리에 어디선가 불쑥 대원군이 나타난 순간, 신헌은 기침을 하며 잠에서 깨었다. 실학을 공부하며 여러 실용적인 책을 썼던 그 시절이 벌써 30년 저편의 일이라니…… 근래에 부쩍 옛날의 스승과 총명했던 벗들이 자주 떠오르는 건 예순 중반의 나이 때문만은 아니었다. 머지않아 마주 앉을 일본인들의 속셈을 읽어내고 대처해야 할 지혜가 아쉬운 까닭이었다.

신헌은 2년 전에 진무사鎭撫使를 맡아 신미양요 때 무너진 보루를 수리하고 조강과 염하 해안에 포대를 여럿 설치하였는데, 그 강화도 땅을 이제 사신의 접견대관으로 다시 밟은 것이었다. '일본을 조심해라.' 훈련대장이었던 조부가 자주 했던 그 말이, 그때나 지금이나 자주 귓전에 맴돌았다. 관원을 다스리고 백성의 삶을 돌보는 일은 평생 해왔고 또 잘할 자신이 있는데, 이번 일은 민생이 아니라 외교였다. 경험은 물론 정보도 적은 일을 앞두고 신헌의 심정은 착잡하기 그지없었다. 서계 문제와 운요호사건을 들고 나와 트집을 잡겠지만, 예전에 프랑스와 미국이 그랬듯이 일본도 통상조약을 맺자고 들 게 분명했다.

문제는 조선이 그런 조약을 맺은 경험이 없다는 점이었다. 청淸이 영국, 미국, 프랑스 등과 오래전에 맺었던 통상조약의 내용과 통상을 하면서 어떤 일을 겪었는지에 관해서라도 깊이 아는 사람이 드물었다. 지금 자기를 수행하고 있는 보좌관 강위姜瑋와

통역관 오경석吳慶錫*이 다소 안다고는 하지만, 몇 사람이나 단기간에 되는 일이 아니었다. 사농공상士農工商의 신분제도에 구속되어 선비들이 물자의 생산과 상업 유통을 도외시한 것이 이런 결과를 가져올 줄은, 실학을 배웠다는 신헌 자신도 예상하지 못했다. 쇄국을 하더라도 국제 정세는 연구하고, 일본이 밉더라도 통상을 할 경우 조선의 시장에서 무슨 일이 일어날 것인지 살폈어야 했다.

처음 접견대관 교지를 받들 때 신헌은 이런 사정을 고려하여 일단 일본과 어떻게든 조약 자체를 맺지 않는 방안을 염두에 두었다. 만약 외국과 강제로 통상조약을 맺어야 한다면 그 첫번째 나라가 일본이 되는 게 못마땅하기도 하였다. 그러니 지금까지 수백 년 동안 그래 왔듯이 부산포 등지의 왜관倭館을 통해 교역하자고 주장할 계획이었다. 하지만 과거만 생각한 그의 판단은 너무 단순했고, 부임 첫날부터 빗나가기 시작했다.

---

**오경석**(1831~1879, 순조 31~고종 16)
조선 말기의 역관이자 서화가이며 금석학에도 일가를 이룬 인물이었다. 중국을 여러 차례 오가면서 열강의 중국 침탈과 청나라의 몰락 과정을 보고 관련 서적을 가져와 퍼뜨렸다. 병인양요, 신미양요 때 큰 역할을 하였고 그것을 『양요기록』으로 남겼다. 유대치, 박규수와 손잡고 서울 북촌의 양반가 젊은이들(김윤식, 김옥균, 박영효, 유길준 등)에게 개화사상을 교육하여 개화당을 형성하였다. 일본과의 조약 체결 후 오래 병석에 누웠다가 세상을 떠났다. 삼일운동의 33인 가운데 한 사람인 오세창이 그의 아들이다.

날마다 초지진 쪽에서 일본 함대가 쏘아대는 대포 소리가 들려왔다. 게다가 일본 군인들이 멋대로 상륙하여 군사훈련을 하는가 하면, 군함이 뚜렷한 용무도 없이 염하를 오르내렸다. 얼른 요구를 들어주지 않으면 왕과 담판 짓기 위해 조강을 거쳐 한양으로 직접 쳐들어간다는 소문을 흘리는 한편, 강화유수부 안에 대신과 호위 군대의 거처를 마련하라고 압박했다.

할 수 없이 신헌은 의정부의 재가를 얻어 일본군에게 숙소와 땔감을 내어주라고 지시했다. 기다렸다는 듯 서양식 제복을 입은 일본 병사들이 진해루\*를 통과해 강화유수부 안으로 진군해왔다.

**진해루**
강화 외성의 문루門樓 가운데 하나로, 갑곶나루를 거쳐 강화로 들어올 때 주로 사용한 성문이다. 회담 대표들도 이곳으로 들어왔다.

군마, 식기와 식량을 실은 쇠수레, 화포 등이 뒤따랐고 숙소 가운데에는 일본 국기와 각종 깃발이 내걸렸다.

그 모든 작업을 끝낸 후 전권변리대신 구로다 기요타카 일행이 갑곶나루를 거쳐 들어왔다. 군복을 입은 구로다는 눈매가 매서웠다. 손을 내밀거나 예를 표하는 데도 자신감이 넘쳤다. 수년간 이웃 나라의 서계를 거부했고 그 사절을 접대하지도 않았으니 이제라도 예를 갖추는 일이라고 애써 돌려 생각하며 신헌은 동헌 앞마당에서 그들을 맞았다. 강화 유수 조병식은 자리에 나타나지 않았다. 나라가 위태로운 판에 그는 병을 핑계 대고 집에서 나오지 않았다. 나라를 피폐시켜 이 지경으로 만든 모리배나 다름없는 벼슬아치들, 그들 중 하나가 국난의 현장에도 있었다.

일본이 군함을 동원하여 위협하는 꼴이 못마땅했지만, 조선에서도 무력을 동원할 수는 없었다. 잘못하면 침략의 구실을 제공할 수 있었다. 신헌은 어떻게든 전쟁만큼은 막아야 한다고 생각했다. 설령 이긴다 해도 피해가 크고 복구가 힘든 게 전쟁이었다. 더구나 지금은 병인양요나 신미양요 때와 상황도 달라졌다. 사직社稷을 지키고자 목숨 내놓았던 군사들은 사기와 충성심이 전과 같지 않았고, 서양과 일본의 무기는 나날이 정교해졌다. 운요호의 한나절 공격에 수십 명이 죽지 않았는가. 해안 돈대와 포대가 수십 군데라고 하나 저들의 화포와 회선포(개틀링 연발총)를 당해낼 수 없다. 전쟁이 났다 하면 조선이 패배할 것이 뻔했다. 그리고 그 피해는 고스란히 백성들에게 돌아갈 터였다.

기침이 가라앉자 신헌은 자리에서 일어나 어제 쓰다 만 일기를 마무리하려 했다. 그때 책상에 놓여 있는 편지들이 새벽의 여명 속에 눈에 띄었다. 하나하나가 시각을 다투며 도착한 것들이었다. 박규수 대감의 편지를 다시 펼쳤다.

……저들은 예전부터 자기네 왕을 천황이라 칭해왔습니다. 자기 나라 안에서 스스로 칭하는 것이니 우리와는 상관없습니다. 저들이 서양과 한편이긴 하나 우리에게는 유일한 우호국입니다. 이미 쇄국의 시대도 아니니, 우리도 저들을 따라 문을 열어 만국과 교류해야 합니다. 제가 공을 천거한 이유를 잘 헤아려부디 나라의 앞길을 열어주십시오.

신헌은 고개를 끄덕였다. 시대가 변하고 강제로 개항한 지 30년이 넘은 청나라가 이제 조선에 그것을 권하는 상황이니, 조선도 진작에 변화를 꾀했어야 했다. 서세동점西勢東漸(서양의 세력이 동양을 점차 지배함)의 흐름을 거부만 하고 있을 수는 없었다. 그러나 일본을 두고 '유일한 우호국'이라고 하는 말에는 동의하기어려웠다. 지금 저들이 하는 행동은 우호적인 게 아니라 간계와 협박이었다.

강화도로 떠나기 전에 대원군은 오경석을 불러 병인양요, 신
미양요 때처럼 일본과 싸우라는 지시를 내렸다고 하였다. 신헌이
강화유수부에 들어온 다음 날 도착한 대원군의 편지에도 왜倭에
대한 혐오와 경계가 가득 차 있었다.


　　　……500년 종사가 폐허처럼 된 마당이지만 판중추부사가
　　전권대관이 되어 다행이오. 큰 변란을 막을 수 있게 되어 다행이
　　지만 내 노파심으로 묵묵히 있을 수 없어 몇 자 적어 보내오. 왜
　　는 옛 법규를 문란케 하고 의복과 제도로 금수가 되었으니 문을
　　연다는 건 멸망을 자초하는 일이오. 화포에 굴복하지 말고 망국
　　의 부끄러움을 자초하지 마시오.


달필로 써 내려간 문장과 행간에 대원군의 분노와 왜양일체
倭洋一體—왜는 서양과 문호를 텄으니 그들과 똑같은 금수禽獸이
다—를 주장하는 격한 음성이 묻어났다. 유학이 아니라 서학(천
주교)을 하는 자는 짐승이며, 그에게 문호를 연 자도 모두 짐승이
라는 그의 논리는 참으로 완강했다. 신헌은 박규수의 말에 동의하
다가도 문득 그 편지 글귀가 떠오르면 몸이 도사려졌다.

어제 신헌은 한양에서 연락 문서를 가지고 온 파발꾼에게 물
었다.

"다른 소식은 없느냐? 유생들의 상소는 줄었느냐?"

"소인이 잘 모르오나, 요새도 광화문 앞은 전국에서 올라온 선비들로 가득합니다. 이번엔 최병대 어른이 통상을 허락하면 안 된다는 상소를 올렸다가 관직을 박탈당했다 하옵니다."

최병대라면 최한기崔漢綺의 아들이다. 최한기는 신헌과 같은 스승 아래 배웠고, 젊은 시절부터 서양의 천문학, 지리학에 눈을 떠 개항과 통상을 주장했는데, 그의 아들이 아버지와 뜻을 달리하여 개항을 반대하는 척사斥邪 상소를 올렸단 말인가. 그런데 파발꾼의 말은 더 놀라웠다. 최한기가 그 상소를 올리게 했고, 아들이 그 일로 유배를 가게 되자 장하다며 등을 두드려 주었다는 소문이 돈다는 것이었다.

신헌은 이런 얘기를 들으려고 꿈을 꾸었나 싶으면서, 최한기를 다시 생각하게 되었다. 외국과 문물을 교류해야 한다는 주장을 펴고, 누구보다 과학 지식이 풍부하여 지구가 태양 주위를 돌고 있다는 말까지 믿게 만들던 그가 과연 그랬다면, 그 이유는 무엇일까. 문호를 여는 대상국이 하필 일본이기 때문일까. 아니면 외국 문물이 갑자기 밀려들어 오면 혼란이 일어나니까 더 준비를 하자는 것일까. 이유야 어떻든 그런 주장을 하기에는 이미 때가 늦었다는 것을 그는 어째 모르고 있는 것일까.

병인양요 후의 어수선한 상황에서, 유림들은 대원군이 철폐한 서원書院을 살리고자 끊임없이 광화문 앞에 나타났다. 그들은 나라의 안위가 위태로운 판에, 유학의 명분과 소속 집단의 권력을 앞세워 변화를 거부하고 나라를 어지럽혔다. 지금 외적이 코앞에서 화포를 쏘아대는 위기가 다시 닥쳤는데도, 광화문 앞의 모습은 이번에도 다르지 않으니 참으로 딱한 일이었다.

신헌은 알고 있었다. 회담이 어떤 결과에 이르든, 자신은 비판을 받지 않을 수 없었다. 증기함 한 척 없는 상황에서, 그는 최신식 무기로 협박하는 자들과 협상을 하고, 그 책임을 져야 했다. 자기가 죽는 곳은, 어쩌면 강화도의 전장이 아니라 광화문 앞이 될지도 몰랐다.

〰

첫 회담은 며칠 뒤, 병자년(1876) 음력 1월 17일(양력 2월 10일) 오후, 강화부 열무당閱武堂*에서 열렸다.

회담장에 들어서는 일본 대표는 모두 일본 전통 복장이 아닌 서양식 군복이나 양복을 입고 있었다. 신발을 신은 채로 들어서는 그들의 태도는 불손했으며 회담장 주변에는 일본군이 칼을 꽂은 총으로 무장한 채 버티고 있었다. 바다에서는 일본 배들이 대포를 쏘았다. 회담을 축하하는 포라고 하였지만, 조선 대표에게는 위협으로 들렸다.

110

서른여섯 살의 젊은 구로다는, 신헌의 마음을 들여다보기라도 한 듯이, 조약은 만국공법萬國公法에 따른 국제관례이니 반드시 맺어야 한다고 못 박은 다음 질문을 던졌다.

"작년에 운요호가 지나갈 때 초지진에서 포격을 했습니다. 그것이 이웃과 사귀는 올바른 태도입니까?"

"어느 나라 배인 줄 몰랐고, 우리나라를 무단으로 침범한 배였습니다. 방어선을 침범했으니 포를 쏠 수밖에 없었던 것입니다."

"일본 국기를 달았는데 몰랐다니, 말이 안 됩니다. 운요호는 청국 가는 해도를 작성하기 위해 조선 바다를 측량했으며, 초지진으로 접근한 이유는 물을 구하기 위해서였습니다."

**열무당**
조선과 일본이 제1차 회담을 한 곳이다.

"외교를 담당하는 관리도 아닌 군사들이 어떻게 외국 국기를 알겠습니까? 그렇다면 영종진을 파괴하고 약탈한 이유는 무엇인지요?"

일본 측은 그 대답은 피하면서 적반하장으로 운요호가 입은 피해를 보상하고 사과하라며 억지를 부렸다. 이쪽의 기를 꺾으려는 술책이었다.

이어서 그들은 서계 문제를 꺼냈다.

"사신을 접대하지도 않고, 서계도 받지 않은 지 7년이나 되었습니다. 이유가 무엇입니까?"

신헌은 끓는 속을 진정하며 답했다.

"조선 왕이 에도성에 와서 대군을 배알하고 공물을 바치라니, 귀국의 무례함을 참을 수 없어서 서계를 단절했던 것입니다. 지난 일을 거슬러 제기할 필요는 없습니다."

"어쨌든 이 모든 일에 조선은 책임을 져야 합니다. 우리는 우선 조선의 항구 몇 곳의 문을 열고 서로 무역, 즉 통상하기를 원합니다. 귀관께서는 조약을 체결할 수 있는 권한을 가지고 있습니까?"

구로다는 불쑥 무엇을 꺼내놓았다. 놀랍게도 그것은 미리 준비해 온 통상조약문이었다. 그 순간, 어떤 감정이 무인武人 신헌의 가슴을 날카롭게 찔렀다. 회담을 아직 하지도 않았는데, 조약문을 먼저 작성해 내놓다니! 회담을 하는 척하지만, 표리부동하게

도 저들은 이미 승리를 준비해왔구나. 강도나 다름없는 저들의 눈에, 나는 패배하기 위해 여기에 온 사람이다…… 이 수치를, 이 치욕을 어쩔 것인가……

일본 측은 일방적으로 제시한 통상조약문을 국왕이 재가해줄 것과 함께 세계 문제에 대한 사과를 담은 문서도 요구했다. 10일 이내로 회답하지 않으면 수만 명의 일본 군대가 조선 땅에 상륙할 거라는 협박도 덧붙였다.


신헌은 저녁상도 내치고 그들이 내놓은 조약문의 조항들을 읽고 또 읽었다. 강위, 오경석도 함께 그것을 분석하고 행간과 이면을 따졌다.

"'조선은 자주국이며 일본국과 똑같은 권리를 갖는다'라고 적은 제1항은 모든 나라는 평등하고 균등하다는 천하공법天下公法에 바탕을 둔 조항으로 보이오. 그런데 굳이 그걸 명시하는 이유는 따로 있을 텐데, 조선과 청의 관계를 끊어내겠다, 앞으로 청국의 간섭을 막겠다는 의도가 아니겠는가?"

자기도 그렇게 생각한다고 답하며 강위가 다른 항을 짚었다.

"'부산 외에 항구 두 곳을 개항하여 일본과의 통상을 허가한다'고 했는데, 저들이 말한 함경도 영흥永興은 우리 태조대왕의 원묘原廟가 있는 곳입니다."

"그건 안 될 말이지. 다른 곳으로 바꾸어야 하오. 장소도 장소지만, 나는 개항장을 통해 저들의 세력과 풍습이 점점 온 나라를 뒤덮게 될 일이 참으로 염려스럽소."

떨리는 신헌의 목소리에 오경석이 말을 이었다.

"어쩌겠습니까? 박규수 대감께서도 말씀하셨듯이, 일단 조약을 맺고 시간을 벌어야지요. 지금 조정 대신들은 통상의 방법이나 내용은 제쳐놓고 서계의 표현에 유독 민감합니다. '일본 황제 폐하'와 '조선 국왕 전하'라는 표현을 '일본국'과 '조선국'으로 고치도록 하면, 박규수 대감의 주장에 힘이 실릴 것입니다. 만약 이

**개항 뒤의 원산항**
강화도조약에 따라 부산, 원산, 인천이 차례로 개항을 했다. 일본은 그곳의 개항장에 자국인을 위한 거류지를 별도로 두었다.

회담이 깨져서 저들이 정말 공격을 해온다면 우리 군사와 백성들의 피해를 어떻게 감당하겠습니까? 강화도 외성을 튼튼히 보강하였다고 하나 저들의 신식 무기를 당해낼 수 없습니다. 대원군께서 물러난 뒤로 군대의 기강이 전과 같지 않은 터에 신미양요 때의 결사 항전을 다시 기대할 수 있겠습니까? 그러니 다소 손해를 본다 할지라도 조약을 체결해야 합니다."

오경석은 일본과 조약을 체결하지 말라는 대원군의 편지를 따로 받은 눈치였으나 소신껏 의견을 폈다. 그 사정을 아는 강위가 잠시 말이 없다가 다시 서류를 당겨 조항을 짚어나갔다.

"한양에 공관을 설치한다, 우리 해안을 자유롭게 측량하겠다, 개항장에서 죄를 범한 일본인은 일본이 심판한다는 이 조항들을 보십시오. 앞으로 큰 문제가 될 것입니다. 엄연히 조선의 법을 무시하고 자기들 뜻대로 하겠다는 처사 아닙니까? 조선이 타국과 수호 관계를 맺는 일에 관한 대목도 문제가 많습니다. 조선의 자주권을 인정하는 것처럼 보이지만, 청국에 대한 우리의 의리를 저버리라는 뜻이니 삭제를 요구해야 합니다."

"지금 통상을 반대하는 사람들의 주장 가운데에도 중요한 게 많을 터인데, 그것들을 잘 챙기도록 하시오. 나는, 조선은 지금 생산하는 게 주로 농산물이라 외국의 공산품이 들어오면 조선 장터의 돈을 모두 긁어갈 거라는 말을 새겨들었는데, 그걸 막으려면 어째야 하겠소?

하여간 의정부에서 이 조규 초안의 내용을 알아야 할 터이니, 베껴서 보낸 다음 하회下回를 기다립시다. 박규수 대감이 이걸 본 뒤에 조정이 생각하는 내용을 보내줄 터이니, 그때 다시 의논합시다."

눈이 내리고 강풍이 불었다. 며칠 동안 양측의 비공식 회담이 이어졌다. 그사이 신헌은 접견대관에서 전권대관으로 지위가 높아졌다. 조약 체결에 관한 모든 권한을 그에게 줌으로써 어떻게든 조약을 성사시키려는 고종과 박규수 대감의 의도에 따른 것이었다. 신헌은 속으로 거듭 다짐했다. '지금 조정의 세력을 잡고 있는 세력이 서두르는 건 사실이지만, 전쟁만은 피해야 한다. 개항을 하되 조선의 명분을 살리고, 백성들의 부담을 최소화해야 한다.'

음력1월 26일, 6개 조목이 담긴 의정부 문건이 도착했다. 조선 돈 상평전 사용 금지, 미곡 거래 금지, 일인 외의 타국인과의 교역 금지, 사교邪敎와 아편 금지, 고의로 떠도는 자는 국법으로 엄단할 것 등을 담고 있었다. 다시 이 내용을 반영하기 위한 회담이 열렸다.

그런데 시간이 길어지자 구로다는 조선 측이 의도적으로 지연책을 쓴다고 단정하고 이틀 뒤 회담 결렬을 선언하며 항산도에 있는 군함으로 돌아가 버렸다. 그리고 부근에 정박했던 배들을 여러 곳으로 이동시켜 공격을 준비한다는 인상을 주었다.

조선 측은 구로다가 술책을 부리는 걸 짐작하면서도 그를 달래는 서한을 보냈다. 일본과의 통상 수교를 허락한다는 의정부의 공문을 받아다 보여주며 협상을 재개하자고 요청했다. 구로다는 기한을 5일 동안으로 못 박으며 회담을 재개했다.

　　그동안 조선 측은 '일본 황제 폐하'와 '조선 국왕 전하'라는 표현을 '일본국'과 '조선국'으로 고치고, 아편과 서학의 금지, 서양인의 입항 금지 등을 명시하였다. 하지만 그 밖의 여러 조항들은, 앞으로 닥칠 일을 충분히 예상하지도 못한 채, 일본의 불평등한 요구를 거의 수용해야만 했다. 최후통첩 날짜는 점점 다가오고, 일본군을 태운 군함이 염하 곳곳에 수시로 출몰하며, 덕진진에 대포를 쏜 뒤 상륙하기도 하는 등 날마다 더해가는 압박을 견뎌내기 어려웠다.

　　2월 3일(양력 2월 27일), 강화유수영 연무당鍊武堂 내실에서 조약이 체결되었다. 조약의 공식 명칭은 '조일수호조규朝日修好條規'였다. 조선 국왕의 어보가 찍히고 신헌 일행이 서명한 서류가 일본 측에 건네졌다. 일본 왕의 도장이 찍힌 답서는 후에 조선에 보내오기로 하였다.

　　두 나라가 마주 앉은 지 17일 만에 협상은 그렇게 끝났다. 조강으로 외국 배들이 몰려들어 그 권역을 10여 년 동안 전쟁터로 만든 문호 개방 문제는 그렇게 귀결되고, 마침내 조선은 외국과 최초의 근대적 조약을 맺고 개항을 하였다.

숙소로 돌아오다가 신헌은 기침이 쏟아지고 어지러워 쓰러질 뻔하였다. 곁에서 오경석이 급히 부축하였다. 그의 얼굴도 창백하기 짝이 없었다.

〰

임금께 복명復命을 하기 위해 궁궐에 들어갈 때, 신헌은 일부러 가마를 탔다.

예상대로 광화문 앞은 개항을 막기 위해 전국에서 올라온 선비들로 가득했다. 그들은 멍석을 깔고 상소문을 앞에 놓은 채 왕이 계신 곳을 향해 엎드려 있었다. 그들의 상소에는 신헌 자신이 조선의 문화를 타락시키고 나라를 외적에 팔아넘긴 역적이라고 적혀 있을 터였다. 또 차마 거기에 적지는 못했지만, 자기가 지금 조정을 장악하고 세도勢道를 부리는 민씨들의 앞잡이라고 수군댈 것이었다.

과연 무엇이 진실이고 최선인가. 세월이 지나면, 역사는 내가 한 일을 어떻게 기록할 것인가…… 아니, 굴욕과 비난을 무릅쓰고 얻은 시간을 활용하여 나라의 힘을 길러, 뒷날 내가 잘했다고 이야기하게 만들 그런 사람들은, 지금 조선의 어디에 있는가…… 궁에서 나올 때까지 신헌의 머리에서 그런 물음이 끝없이 소용돌이

118

쳤다.

며칠 후, 오경석이 강화도에서 돌아온 뒤 병석에 누워 일어나
지 못한다는 소식이 들렸다.

신헌은 자신의 멀쩡한 육신이 수치스러웠다.

제3장

# 조강의 노을

20세기:
인적이 끊기고,
철책에 갇히다

**1890년의 인천 제물포항**
멀리 증기선이 보이며 하역 일꾼들이 짐을 나르고 있다.

# 1. 기선과 기차

―

## 사라지는 뱃노래

19세기가 몇 년 남지 않은 1897년, '조선'은 '대한제국大韓帝國'
이 되었다. 왕의 나라가 황제의 나라로 격상되었으나, 이름과는
달리 외국 세력에 휘둘려 나라의 운명은 바람 앞의 등불 같았다.
이 '세기말'의 어두운 그림자는 조강 연안의 여러 포구들, 곧 조강
포, 마근포, 강령포 등에 유독 짙게 드리웠다. 그것은 수증기의 힘
을 이용한 운송 수단인 배(기선汽船)와 기차汽車―뒤에 근대 문명
의 상징이 된 것들―가 이 지역에 큰 타격을 주었기 때문이다.

1899년 초가을, 인천과 노량진 사이에 '경인 철도'가 개통되
니 그 철마鐵馬를 구경하러 가자는 말이 전국에 도는 때였다. 조강
유역의 중심 포구인 조강포 갯벌에 몇 척의 배가 비스듬히 정박해
있었다. 대부분 거리가 먼 충청도나 전라도에서 큰 짐을 싣고 온

제3장 조강의 노을

돛배들로, 밀물이 들어와 선체를 띄우면 낮잠 자던 사람처럼 일어나 한양의 마포나 용산포로 떠날 참이었다.

밀물 때 한번에 수백 척이 부산하게 출항을 준비했던 조강포의 모습은 이제 옛날이 되고 말았다. 한양 사람들의 일상생활에 필요한 물자를 대는 시선배들도 육로陸路가 발달함에 따라 눈에 띄게 줄어들었다. 세금을 곡식으로 거두어 배로 나르던 조운제도漕運制度가 점차 사라지다가 갑오개혁(1894)을 계기로 아주 없어져버리고 화폐로 대신하게 된 것도 큰 타격이었다.

오랜 세월 동안 '경강' 유역은 조선의 상업 중심지였다. 조운선과 상선을 운영하던 '경강상인'들은 나라의 일을 맡아 대신하면서 상품의 구매와 판매를 독점하였는데, 19세기 들어 거래가 늘어나자 그 힘이 매우 커졌다. 그리하여 경강의 하류이자 입구인 조강 유역에는 그들의 상품을 보관하는 창고가 늘어섰고, 중간 거래상, 하역 일꾼, 배 수리공, 뱃사공과 그를 돕는 격군 같은, 어업이 아니라 교역에 종사하거나 품을 파는 사람들이 아주 많이 모여들어 붐볐다. 포구의 수도 늘어났고, 한양의 부자들이 그곳의 토지와 건물을 사들여 임대업이나 부동산업에 나설 정도였다. 그러나 이제 그런 시절은 저물어가고 있었다.

갯벌 저쪽 강의 한복판에는 썰물 때에도 언제나 물이 고여 흐르는 골창이 있었다. 거기로 증기선 한 척이 지나갔다. 줄여서 '기선'이라고 부르는 그 배는 기계배이므로 바람하고는 상관이 적고, 물때의 영향도 덜 받았다. 배라고 하면 바람이나 노질하는 사람 힘으로만 움직이는 줄 알았던 조강 사람들이 이 신문물—"높은 굴뚝에서 검은 연기를 공중에 뿜어내며 양 옆구리에 붙은 무자위를 돌려 쏜살같이 달리는 산채보다 큰 무쇠덩이"—을 처음 보았을 때는 입을 다물지 못했었다. 서해안에 자주 나타난 이런 '이양선'들은 대부분 이 증기선이었는데, 이제는 그것도 흔해져서 별 구경거리가 아니었고, 나라가 기울어가는 형편을 아는 이들에게는 오히려 원망의 대상이 되어가고 있었다.

기선에는 대포와 군사만 실려 있지 않았다. 이 배는 이내 갖가지 근대적 상품을 실은 장삿배가 되었다. 임오군란(1882) 이후 청나라는 조강을 통해 제물포와 용산을 잇는 증기선을 취항했으며, 일본 역시 한강 상권을 놓고 그들과 다투었다. 경강상인들이 부패한 권력과 결탁하거나 양반 지위를 돈으로 사서 개인적인 이익 불리기에 안주하는 동안 일본과 청나라의 상인들은 기선을 앞세워 한강 유역의 상권을 빠르게 장악해나간 것이다. 외국 배들이 남의 땅에서 벌인 이런 경쟁은, 조선의 지배권을 놓고 맞붙은 청일전쟁(1894~1895)을 불러왔고, 일본이 이김으로써 끝났다.

조강은 이제 면직물, 석유, 시계 따위의 여러 나라 공산품을 가득 싣고 다니며 낙후된 조선을 자기들의 시장으로 만들어 경제적으로 수탈하는 일본 기선들이 판치는 세상이 되었다. 조선보다 먼저 개항을 하고 국제 질서와 통상에 눈을 뜬 것이, 이런 차이를 가져온 것이었다. 이제 그들이 자기 나라의 산업화를 진전시키면 국력의 차이가 조선과 얼마나 더 벌어질지 가늠하기 어려웠다.

〰

조강포의 저잣거리에서 한 중늙은이가 기선을 물끄러미 바라보고 있었다. 그는 이곳의 토박이 사공으로 작은 목선의 선주船主였다. 옆에 있는 젊은 품팔이 일꾼이 그에게 말을 붙였다. 뱃일이라면 가리지 않는 젊은이로, 요사이 여기서 사공들을 따라다니다시피 하고 있었다.

"저런 기선의 진짜 주인은 죄다 왜놈이라면서요?"

대한제국에서 사업을 하니까 명의는 조선 사람의 것을 빌렸으나 일본 자본의 소유라는 걸 알고 하는 소리였다. 이 마당에 모이는 사람이라면 다 들어본 소리였다. 날마다 일감을 찾아 모여들지만 번번이 허탕을 치며, 주고받는 이야기라는 게 그런 답답하고 한심한 소문들뿐이었다. 다들 다른 곳으로 떠나고 싶지만 달리 마땅한 데가 없었다. 나라가 극도의 혼란에 빠져서, 어디 가서 무얼 해야 목구멍에 풀칠이라도 할지 막막하기만 했다.

"오늘도 배가 놀지요? 배를 사려면 저런 기선을 샀어야 하는데…… 하하."

젊은이가 턱짓으로 기선을 가리키며 사공을 향해 웃었다. 사공은 두어 달 전에 돛배 한 척을 한양의 양반한테서 샀다. 그의 마름 구실을 하는 창고지기가 주선을 하여, 창고에 딸려 있지만 요즘 잘 쓰지 않게 된 배를 매입한 것이었다. 헐값인 데다 자기 배를 갖는 게 평생소원인지라 덜컥 샀으나, 기쁨은 얼마 가지 않았다. 일거리가 생각보다 적기 때문이었다.

큰 키에 무명옷을 깨끗이 차려입은 사내가 이쪽으로 걸어오며 말을 던졌다.

"우리는 억만금이 있어도 못 사는 배야. 저게 일본서 만든 것인데, 저희들이 지금 조선에 그걸 팔겠어?"

창고지기였다. 자기가 중개하여 배를 산 사공이 빈둥거리고 있는 게 마음에 걸리는 그는, 그걸 털어버리는 심정으로 말했다.

"맞아! 어른은 저런 배 타봤다고 그랬지요?"

젊은이가 창고지기를 '어른'이라고 부르며 말을 붙였다. 그는 구변이 좋았고, 어떻게든 오늘은 작은 일거리라도 붙잡고 싶어 조바심이 났다.

"아, 나야 타봤지. 저 일본 배들은 저희 나라나 외국 상품은 말할 것도 없고 조기, 새우젓, 소금 같이 인천에 모인 조선 전국의 물건들을 마포로 실어 나른다구. 우리 주인이, 왜놈들이 조선 쌀을 얼마에 사서 어떻게 일본으로 실어내는지 알아보라고 해서, 귀동냥이라도 하려고 작년에 마포에서 인천까지 타봤지. 정말 어마

어마하게 크고 힘이 좋더구먼. 나무로 만든 배랑은 애당초 비교가 안 돼. 워낙 거창해서 나는 무서운 마음까지 들더라구. 전에는 청 나라 배도 있었는데, 그 사람들도 기선 가지고 용산을 뚫었지. 다 자기 나라 뒷배 믿고 장사하더니만, 청일전쟁 후로는 전부 일본 차지가 됐어. 조선도 저런 배가 많이 있어야 하는데…… 갑오년 (1894) 동학난리 때 엄청나게 많은 일본 군대가 저런 배로 조선에 건너와서 곧장 남대문 턱밑으로 갔어. 기선은 여차하면 군함이 되 거든."

말을 그치고 창고지기가 주위를 살피더니 목소리를 낮추었다.

"그때 들어온 왜놈 군대가 아직도 용산에 그대로 있는 거 알 아? 전쟁 끝나고 난리가 가라앉은 지 몇 년 지났어도 꿈쩍도 안 해. 애초부터 나갈 생각이 없었던 거라구. 병자년(1876)에 저기 강 화도에서 일본과 조약 체결할 적에, 우리 부친께서 이제 나라가 망할 거라면서 탄식허셨지. 아무 준비도 없이 범한테 대문을 열어 주면, 그 집이 범의 집이 된다고 그러셨어. 그때는 내가 어려서 알 아듣지 못했지만, 정말 말씀처럼 돼가고 있는 거야. 우리 주인이 보자고 해서 이따 한양으로 떠날 텐데, 텅 빈 창고나 지키고 있는 나도 가서 무슨 소리를 들을지……"

그가 무슨 말을 더 하려다가 말았다. 글을 아는 데다 양반들 과 늘 상종해서 그는 이 포구의 일꾼들하고는 달랐다. 만만한 사 람 앞에서는 양반 비슷하게 행세하는 걸 보면, 본래는 양반이었는

지도 모를 일이었다. 사는 형편이나 신분이 나은 그마저 어두운
얼굴빛으로 상심하고 있으니, 하루 벌어 하루 먹는 이들은 더욱
암담해졌다.

"에이, 이 조강이 어떤 곳인데…… 설마 창고가 어떻게 되겠
어요? 왜놈들은 저희들 장사하고, 조선 사람은 하던 일 그냥 하면
될 텐데 뭘."

사공이 짐짓 목소리를 높였다. 사공의 말에 몇 사람이 고개를
끄덕였다. 어디에 장단을 맞춰야 할지 몰라서 하는 몸짓이지만 사
공은 기분이 좋았다. 예전에는 자기 같은 '뱃놈' 주제에 이런 판에

인천에 상륙한 일본군(1894년 여름, 동학혁명 중)

　　　　　　　　　　　제3장 조강의 노을

끼어들어 말마디라도 하는 게 어려웠기 때문이다. 그는 천민 출신이지만 노를 젓는 격군 때부터 쥐꼬리만 한 임금이나마 악착같이 모았고, 물길에 밝아서 선주들이 좋아하는 사공이 되었다. 이제 점점 출신보다 돈이 힘을 쓰는 세상이 돼가는 데다가 배까지 사서 어엿한 선주가 되었으니 그한테는 세상이 제법 좋아지고 있었다. 설령 나라가 망한다 해도 배 한 척만 있으면 별 걱정할 게 없다는 심정이었다.

하지만 젊은이가 보기에, 사공은 말귀를 잘 알아듣지 못하는 성싶었다. 창고지기가 아까 말하기를, 기선이 새우젓이나 소금 같이 전에 조강의 배들이 실어 나르던 물건까지 싹 쓸어 간다고 하지 않았는가. 만약 왜놈들이 몰려와서 저런 기선으로 고기까지 잡으려 들면, 이 조강가의 포구들에는 나룻배 몇 척만 남게 될 터였다.

창고지기가 사공을 따로 불러 무슨 당부를 하고는 자리를 떴다. 사공의 입가에 웃음기가 돌았다. 일거리를 맡은 게 분명했다.

젊은이가 재빨리 사공 옆에 붙어 섰다.

〰

사공과 젊은이는 저잣거리를 나와 마을을 가로질렀다. 얼음을 보관하는 토빙고土氷庫를 지나니 부두가 나왔다. 사공은 근처에서 점심을 먹은 뒤, 밀물이 제법 들어올 때까지 젊은이를 데리고 할 일이 있었다.

그런데 부두에 사람들이 모여 있었다. 가까이 가서 보니 똑같은 제복을 입은 사람 여럿이 이상한 기구를 들고 왔다 갔다 하였는데, 일본 군인들 같았다. 그들이 배를 타고 지나가는 모습은 가끔 보았어도 이렇게 가까이서 보기는 처음이었다. 그러고 보니 그들이 타고 온 게 분명한, 이상하게 생긴 배가 저쪽 물골에 떠 있었다.

땅바닥에 물에 젖은 줄을 펼쳐 놓고 살피던 사람 하나가 일본 군인 틈에서 나와 사람들을 향해 조선말로 외쳤다. 앞을 가로막지 마라! 바다 쪽에서 비켜서란 말이다! 그리고 다시 군인들과 일본말로 대화를 나누며 줄에 표시도 하고 종이에 무얼 적기도 했다. 양복을 입고 있어서 양반인지 아닌지 알 수 없었지만 그 조선 사람은 어쩐지 유식해보였고, 조선 사람한테와 달리 일본 군인들한테는 매우 공손했다. 사공은 세상이 '왜놈 세상'이 되어간다는 말은 많이 들었어도, 이렇게 조선 사람까지 왜놈이 된 걸 눈으로 직접 보기는 처음이었다. 어쩐지 이제는 '왜놈'이라는 말도 쓰면 안 될 성싶은 기분이 들었다. 사공은 옆 사람한테 저들이 무엇을 하는 거냐고 물었다.

"바다 지도를 만든다네. 물때 같은 것도 다 조사하고."

사공은 문득 두려운 마음이 들었다. 일본 사람들이 물때를 잘 알고 조강의 갯바닥 사정까지 샅샅이 알게 되면, 정말 자기와 자기 배는 아무짝에도 쓸데가 없어질지 몰랐다.

사람들이 웅성거렸다. 저 조선 놈이 강령포 사람이라구? 그렇다는구먼. 본래 통진 출신이고, 강령포에서 뱃길 안내하는 지로사공을 하다가 일본 해군 놈들 앞잡이가 됐다는 거야. 일본말깨나 배웠구먼. 죽일 놈 같으니라구!

금세 무슨 일이 벌어질 것 같아 사공은 무심코 옆에 있는 젊은이의 팔을 잡았다. 젊은이도 표정이 일그러진 모습이었다. 그가

**측량 기사**
대한제국 시대인 1899년 양지아문量地衙門(토지 측량 담당 관청)의 초청을 받아 우리나라에 온 미국인 측량기사 크럼Krumn(㐌廉)이 거리에서 일하는 모습을 시민들이 신기한 듯 구경하고 있다.

목소리를 낮추어 물었다.

"이거, 관가에 알려야 되는 거 아녜요?"

그때 무슨 낌새를 차렸는지, 그 조선 사람이 앞에 나섰다. 그는 당당한 목소리로 이렇게 말했다.

"해도海圖를 작성하는 일은 강화도조약 때부터 허락된 일이다. 20여 년 전에 벌써 나라에서 약속한 일이란 말이다. 우리가 이일을 오늘 처음 하는 것도 아니니, 쓸데없이 모여 있지 말고 냉큼가서 너희들 할 짓이나 하거라!"

그러고 보니 한쪽에는 총을 꼬나든 군인 몇이 이쪽을 노려보고 있었다. 총 끝에 꽂힌 날카로운 검이 반뜩였다. 사공과 젊은이는 얼른 자리를 떠나 주막이 몰려 있는 골목으로 들어섰다.

〰

객줏집*에서 점심밥을 먹는 동안, 사공은 말이 없었다. 젊은이가 무슨 말을 붙이고 싶었으나 눈치를 보니 가만히 있는 게 나을 성싶었다.

숟갈을 놓고 나서 사공이 국밥을 말고 있는 안주인에게 그 집의 주인을 찾았다. 그녀는 남편이 강화도에 있는 학교에 갔다고하였다.

서양 신부가 강화도 교회당에 신식 학교를 열었다는 말은 들었어도, 자기나 다름없이 배운 게 없는 그 집 주인이 거기에 무얼 하러 갔는지, 사공은 얼른 짐작이 되지 않았다.

"전에 조기를 거래하더니만, 거간 일은 그만둔 게로구먼요?"

"아유, 그거 그만둔 지가 언제인데…… 연평도 사람들이 우리한테 고기를 안 주어서 버얼써 그만두었다우. 우리는 강화도에 가서 아이들 학교 넣고 농사지을 거예요."

사공은 더 말을 하지 않고 그 집을 나왔다. 젊은이가 물었다.

"고기를 안 주다니, 어째 그럴까요?"

"거간질을 잘 못하니, 안 주는 거지."

사공은 뻔한 걸 왜 묻느냐는 투였다.

그런데 몇 집 건너 다른 객줏집에 갔을 때에도 거기 주인의

---

**객주 客主**

판매인과 구입자 사이에서 매매를 주선하고 구전을 받는 중간상인이다. '거간居間'이라고도 한다. 상품의 판매나 구입을 위탁받아 대신해주므로 위탁매매인委託賣買人에 해당하는데, 그 일만 하지 않고 부수된 여러 가지 일─숙박업, 금융업, 창고업, 운송업 등─ 을 같이 하기도 하였다.

조선 후기에 조강 연안에 발달한 여러 포구에는 어업에 종사하는 이와 함께 매매업에 종사하는 이가 많았다. 객주와 그들이 운영하는 관련 사업의 규모가 커졌던 것이다. 개항 이후에는 객주가 외국무역을 맡기도 하였다.

인천, 부산 등에는 객주들이 동업조합을 결성하여 무역 독점권을 행사하였는데, 그 구성원 가운데는 새로이 객주가 된 사람들, 곧 자본을 가지고 위탁매매 사업에 뛰어든 사람들이 많았다.

입에서 비슷한 소리가 나왔다.

"조기? 없어! 예전 같으면 이 조강포에 넘치던 게 조기인데, 인천 객주들이 돈을 더 받아준다고 장담하는 탓에 우리 차례가 안 와서 그래. 기선이 드나드는 데다 철마까지 서울을 오가니 사람이 인천으로 모이고, 그래서 거기 조기 가격이 올라 그렇다구. 조기만 그런 게 아니야. 아, 큰돈 가진 이들이 한 배 가득한 물고기를 높은 값에 모개로 맡기도 하는데, 우리 같은 조무래기야 뭐……"

젊은이가 궁금하여 물었다.

"철마라니, 기차 말이죠? 벌써 철길이 다 놓였나요?"

"얼마 전부터 노량나루까지 다니기 시작했다네. 지금 한강에 철다리를 놓고 있다니까, 머지않아 남대문 턱밑까지 갈 테지."

둘이 그 집을 나오려고 할 때, 주인은 좋은 물건 찾는 사람이 오면 넘기려고 맡아둔 '곡우穀雨살 굴비' 몇 두름이 있는데, 그거라도 가져가겠느냐고 물었다. 사공은 값을 묻더니 단번에 고개를 저었다.

큰길로 나온 사공의 얼굴에는 낭패한 기색이 역력했다. 그가 말했다.

"이따 물 들어올 때까지 조기를 있는 대로 사서 모으기로 했는데, 그래 가지고 한양에 같이 가기로 했는데, 이거 큰일 났구먼. 조기 사정이 언제 이렇게 바뀌었는가 모르겠네."

젊은이도 난감하였다. 일거리가 물거품이 될 판이었다. 그는 금방 무슨 생각이 떠올랐다.

"박 선달님은…… 박 선달, 맞지요? 그 창고지기 어른이 굴비는 안 된다고 했나요?"

"글쎄, 조기를 말리면 굴비인데, 조기라고 했나 굴비라고 했나…… 굴비라도 괜찮을라나……"

젊은이는 그럴 줄 알았다는 표정을 지었다.

"그 어른, 지금 어디 있어요?"

"창고 있는 데 있을 테지. 자기네 창고의 조기가 적으니 다른 창고도 알아본다고 했거든. 나한테는 거간꾼들한테 구해오라 하고."

"내가 만나서 물어보고 오지요. 아까 그 곡우 굴비라던가 하는 걸 사도 되는지 말이죠."

"아, 그건 비싸서 안 돼!"

젊은이는 벌써 창고들이 즐비한 쪽으로 달려가며 외쳤다.

"비싸게 사면, 비싸게 팔면 되잖아요!"

~~~

얼마 후에 사공과 창고지기 박 선달은 밀물이 차오르는 뱃나루에서 젊은이를 기다리고 있었다. 오후 물때지만 낮이 길어서

136

잘하면 깜깜해지기 전에 전류포나 공암나루까지 갈 수 있을 성싶었다.

박 선달은 다른 창고에서 굴비와 소금에 절인 조기를 제법 구하여 사공의 배에 실어놓았다. 자기 주인이 창고를 되도록 비우되 꼭 조기는 가지고 오라고 해서, 한양 가는 김에 이문을 얻을까 싶어 더 사들인 것인데, 어쩐지 다른 창고들도 물건을 모두 치우려고 하는 성싶었다. 그래서 대놓고 물어보았더니 창고 주인들 간에 생각이 통하여, 다들 폐업을 하려고 한다는 것이었다. 이미 벌어지고 있는 일을 자기만 늦게 안 셈이었다. 과연 올 게 왔구나…… 그는 마음이 상하여 근처 주막에 들러 낮술을 몇 잔 걸쳤다.

그래도 조기 중에서 상등품인 곡우살 굴비를 구한 것은 잘된 일이었다. 그것은 창고 주인한테 줄 선물이었다. 한양에서 떵떵거리는 양반이니 여태까지의 정리情理로 보아, 어쩌면 한양에 새 일자리를 만들어줄지도 몰랐다.

사공은 토정 이지함이 이 조강포에서 지어 퍼뜨렸다는 '조강물참 노래'를 흥얼거리고 있었다. 처음 사흘은 토끼 때, 다음 사흘은 용 때, 또 사흘이 배암 때에, 다음 하루는 말 때…… 그는 기분이 좋아져서, 박 선달의 술기 오른 얼굴 표정이 아주 어두운 것도 모른 채 이렇게 물었다.

"왜놈들은 아주 기술이 좋은가 봐요. 기찻길을 정말 빨리 닦았잖아요? 닦기 시작한다는 말을 들은 게 얼마 안 된 거 같은데."

　　　　　　　　　　　　제3장 조강의 노을

"그놈들이 조선 사람 좋으라고 그러는 줄 알아? 내가 들으니, 철길을 한양에서 인천 사이에 닦고 나면, 다음에는 한양하고 부산포 사이에 닦는다네. 우리나라 것 저희 나라로 빼앗아가려고 닦고, 남의 나라 더 집어먹으려고 닦는 거지. 중국이나 노서아 땅도 집어먹으려고 평안도, 함경도 쪽도 곧 뚫을 테니, 내 말이 그른가 두고 보라구. 내가 저번에 인천에서 보니, 길갓집 주인들이 무어라고 하건 말건 마구 때려 부수고, 저자로 통하는 골목길을 크게 넓혔더라구. 그걸 '신작로新作路'라나 뭐라고 부르던데, 아마 그런 길도 전국에 뚫을 거구만. 우리 땅에 우리 손을 빌려 만드는 것이니, 그게 우리한테 이롭기만 하면 오죽이나 좋을까만, 그 길로 도적 떼가 들어오니…… 도대체 나라에서는 무얼 하는지……"

박 선달은 깊은 한숨을 쉬었다. 취기가 오르니 그는 술을 더 마시고 싶었다.

"조선은 망할 거야. 동학 난리 때 죽창 들고 싸우다 왜놈 총맞아 죽은 사람들이 차라리 잘한 건지도 모르지. 그 잘난 벼슬아치들은 나라가 이 꼴 될 때까지 다 무얼 했는지 몰라."

젊은이가 일꾼 몇과 짐을 지고 왔다. 그는 배 밑창으로 들어서더니 차례차례 짐을 받아 확인한 후에 쟁였다. 박 선달이 보기에 일머리를 아는 젊은이였다.

배는 곧 닻을 올렸다. 밀물이 차오르는 조강에는 배가 몇 척밖에 보이지 않았다.

제법 힘차게 배가 나아갔다. 바람이 없어도, 사공과 젊은이가 밀물 때를 최대한 이용하기 위해 힘껏 노를 저은 덕분이었다. 썰물을 피하기 위한 안간힘은 조강에서 늘 되풀이되는 일이었다. 그러나 살아가는 형편은 점점 더 어렵게 변하고 있었다. 이 모두가 준비를 하지 못한 채 나라의 문을 범한테 열어준 탓이었다. 미리미리 제가 제 살림의 주인 노릇을 하지 못한 까닭이었다.

막막한 기분으로 흘러가는 물결을 바라보다 고개를 드니, 하늘에는 뭉텅이진 구름 몇 점이 붉은 노을에 젖어 있었다. 박 선달은 생각했다. 자기나 뱃사공은 이제 나이를 먹어 어쩔 수 없다 치더라도, 노를 젓느라 땀 흘리는 저 젊은이는 앞으로 어디 가서 무얼 하며 살아야 하나…… 왜놈들 꼴을 안 보는 만주나 노서아 땅이 좋을지, 차라리 일본 땅으로 들어가 보는 게 나을지, 짐작이 서지 않았다.

## 철도와 일본 제국주의

조선에 철도 도입을 처음 주장한 사람은 주미대리공사 이하영이었다. 철도의 필요성에 공감한 고종은 1896년 미국인 모스에게 추진하도록 하였으나 후에 그 사업은 조선 정부를 무시한 채 불법으로 일본 경인철도주식회사의 손으로 넘어갔다. 경인선은 1899년에 먼저 인천역~노량진역 구간을 운행하였고, 이듬해 한강철교 공사가 마무리되자 경성역까지 개통되었다.

경인선은 한국 최초의 철도이자 일본이 해외에 개통한 최초의 철도였다. 일본은 이 철도로 대한제국의 수도로 향하는 병력과 물자 수송의 길목을 틀어쥐게 되었다. 조강이 오랫동안 맡았던 역할을 차지한 것이다.

경인선 이후 대한제국 정부는 다른 외국인이나 조선인을 시켜 철도를 건설하고자 했으나 뜻대로 되지 않았다. 일본은 다시 경부선 부설권을 인수하여 경부철도주식회사를 세우고, 1901년 공사를 시작했다. 1903년에는 신의주로 가는 경의선 공사까지 추진했다. 대한제국의 철도 사업은 일본에게 '조선 통치의 핵심'이었다. 군사적 목적과 함께 상품 판매, 자원 약탈 등을 위해 엄청난 자본을 퍼부었다. 추진 과정에서 갖가지 불법적인 술수를 동원하며 짧은 기간에 공사를 끝내어 1905년에 경부선이, 1906년에 경의선이 개통되었다.

신의주까지 가는 경의선 완공으로 일본은 한반도를 거쳐 대륙과 연결될 수 있었다. 경술국치(1910) 이후 일제는 호남선과 경원선을 1914년에 완공함으로써 한반도를 X자로 종단하는 간선철도를 1차로 완성했다. 이들을 통해 우리나라의 지하자원과 쌀이 일본으로 빠져나갔는데, 그 결과 일본은 제국주의 침략 전쟁을 위한 물자를 확보하고 자국 내의 식량난을 해소할 수 있었다.

근대 문명의 상징인 철도는 대한제국 백성에게 고통과 굴욕을 안겨주었다. 철도 건설 부지를 헐값에 넘겨야 했고 턱없이 낮은 품삯을 받으며 노역에 동원되었다. 토지와 노동력을 수탈당한 백성들은 대대로 살아온 터전에서 내쫓겨 타지로 내몰리어 처참하게 살아야 했다.

근대의 문을 열었으나 예속의 길을 재촉한 것, 대한제국의 땅에 있었으나 철저히 일본을 위한 것─ 철도는 바로 그 아이러니의 상징이었다.

## 경인 철도

위는1899년 9월 18일 인천에서 열린 개통식 모습이다.
아래는 한국에서 최초로 운행된 증기기관차 모갈 1호이다.

# 2. 한국전쟁

—

## 휴전선이 된 강

1940년대에 한강하구의 포구와 주변 마을들은, 광복 전후의 궁핍은 어디나 같았지만, 그런대로 활기에 차 있었다. 아이들은 강변에서 놀다가 강화도 서쪽 섬들에서 들어오는 고기와 젓갈을 실은 똑딱선들을 구경했다. '쌍파'이라고도 부르는 이 목선으로 어부들은 웅어, 황복, 농어, 새우 따위를 잡아 올렸다. 전통적인 수운은 철도와 신작로에 의해 쇠락했지만, 아직 서해안 지역의 소금이나 쌀을 많은 양 운반하는 데는 배가 기차나 자동차보다 비용이 덜 드는 경우가 있어서, 큰 배들이 가끔 오가다가 들르기도 하였다.

조강 연안의 포구들에는 만선 깃발이 나부끼면 조촐하나마 풍악이 울렸고, 정월이면 농악대를 모아 마을을 돌며 두레놀이를 벌였다. 농사를 짓든 고기를 잡든 포구 부근에 산다고 하면 잘사는 축에 속해서 부러움을 샀다. 북쪽의 개풍군이나 개성시 지역과도 왕래가 잦았다. 강 건너로 시집온 새댁이 친정으로 가는 나룻배에 올랐고, 개풍군에 있는 선산에 벌초하러 가는 남쪽 사람도 많았다. 장사하러 다니는 사람의 왕래야 두말할 것 없고, 개성에 있는 학교를 다니는 젊은이도 더러 있었다.

1950년 6월, 한국전쟁이 터졌다. 한반도를 둘로 나눈 삼팔선(북위 38도선) 바로 아래에 있는 데다 서해 바다와 인접하였기에,

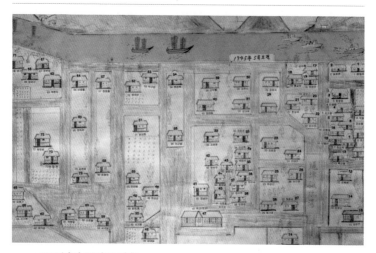

**1945년의 조강포 마을**
주민들이 기억에 의지하여 그려낸 해방 무렵의 조강포 마을 지도.

조강 연안의 마을들은 곧바로 전쟁터가 되었다. 사람들은 아군과 적군의 시체를 땅바닥과 물속에서 수없이 보아야 했다. 수원이나 평택으로 더러 피난을 가기도 했지만 집과 땅을 떠날 수 없어 가까운 산에 들어가 일단 피신하기도 했다. 하지만 피신한 사람들은 오래 버티지 못했다. 북한군 세상이 되자 살기 위해 억지로 '인민 공화국 만세'를 외치며 산에서 내려와야 했다.

그해 9인천상륙작전이 성공하면서 북한군이 물러가자 포구 마을 사람들은 비로소 자유를 얻고, 전쟁이 곧 끝나리라는 기대를 품었다. 그러나 기대와는 달리, 조강이 밀고 밀리는 전선戰線의 일부가 되어버려, 강을 사이에 두고 남북의 교전이 나날이 심해졌다. 어느 결에 마을 사람들은 나이에 상관없이 전쟁에 동원되기 시작했고, 실탄을 보급하거나 아예 강 건너 공격작전에 투입되기도 했다. 목숨을 위협하는 지뢰가 마을 곳곳에 널려 있었으며, 무차별 포격에 사람이 죽고 집이 불에 탔다. 그야말로 전쟁터 한복판이었다.

전쟁 중에도 먹고는 살아야 했기에 포탄이 떨어져도 사람들은 농사를 지었다. 농사일을 하다가 대포나 총 소리가 들리면 몸을 피하고, 그치면 나가서 일했다. 소리가 잠잠한 때를 택하다 보니 나중에는 밤에 나가 일을 하기도 했다.

1953년 7월 27일, 한국전쟁 정전협정停戰協定*이 맺어졌다.

이 협정은 군대가 대치하여 싸우고 있던 곳에 휴전선을 그어 남북한이 서로 침범할 수 없도록 했다. 휴전선은 본래 군사분계선MDL이라고 하는데, 그 양쪽의 각 2킬로미터 지역에 군사시설이나 군인을 둘 수 없도록 비무장지대DMZ를 설정하여 충돌을 막았다. 이 비무장지대 바깥쪽의 선, 철책을 세워 통행을 금지한 그 선을 각각 북방한계선NLL, 남방한계선SLL이라 불렀다.

정전협정이 맺어진 이듬해 2월에는, 휴전선 일대의 군사작전과 군사시설 보호, 보안 유지 등을 목적으로 남방한계선 아래 5~20킬로미터 지역에 다시 선이 그어져 민간인의 출입을 통제하는 구역이 설정되었다. 이 선이 바로 민간인 통제선, 줄여서 '민통선民統線'이다. 남한이 관할하는 지역이지만, 군사적 목적에 따라 모든 것이 제한을 받는 지역이었다.

이 협정에 따르면, 비무장지대가 끝나는 임진강 하구부터 강화도 말도까지로 정해진 '한강하구의 수역'은 중립 지역이다. 대부분 조강 지역에 해당되는 그곳은, 교전 쌍방의 민간 선박이 자유로이 통행할 수 있는 '공동이용 수역'이다. 정전협정 당시부터 휴전선도 없고 DMZ도 없는 지역인 것이다.

본래 강이 서로 대치하는 세력의 경계가 되면, 그곳은 저절로 국경선이자 중간 안전지대가 된다. 말하자면 휴전선도 되고 DMZ도 된다. 그런 곳을 민간 선박의 자유 항행 지역으로 지정하였으므로 그곳은 경계의 벽이 무너진, 일종의 '분단의 해방구'가

될 수 있었다.

그러나 남북이 대치하는 '휴전' 상황에서 조강은 그 자체가 휴전선이자 DMZ가 되고 말았다. 또 그 강변에는 남방한계선처럼 빈틈없이 철책이 쳐지고, 연안의 10여 개 포구는 물론 부근의 마을들까지 철책선에 인접해 군사적 목적에 모든 것이 구속받는 민간인 통제구역이 되어버린 것이다.

이제 그곳 사람들은 강가나 인근 마을에 살 수 없었고 고기를

---

**정전협정의 '한강하구' 관련 조항**

정전협정의 한강하구 수역은 "한국전쟁 전까지 조강이라 불리던" 곳이다. 이는 비무장지대가 끝나는 경기도 장단의 사천강 하류와 문산 곡릉천(현재의 파주시 탄현면 만우리)에서부터 강화도 서쪽 끝에 있는 말도末島까지로 되어 있다. 이곳과 관련된 정전협정 조항(제1조 제5항)은 다음과 같다.

5. 한강하구의 수역으로서 그 한쪽 강안江岸이 일방의 통제하에 있고, 그 다른 한쪽 강안이 다른 일방의 통제하에 있는 곳은 쌍방의 민용民用 선박의 항행에 이를 개방한다. 첨부한 지도에 표시한 한강하구의 항행 규칙은 군사정전위원회가 이를 규정한다. 각방 민용 선박이 항행함에 있어서 자기 측의 군사 통제하에 있는 육지에 배를 대는 것은 제한받지 않는다.

—이시우, 『한강하구』(통일뉴스, 2008), 373쪽에서

2018 판문점 선언에 따른 9·19 남북 군사합의서에 명시된 관련 지역 곧 '한강(임진강) 하구 공동 이용 수역'은, "남측 김포반도 동북쪽 끝점으로부터 교동도 서남쪽 끝점까지, 북측 개성시 판문군 임한리에서 황해남도 연안군 해남리까지" 길이 70킬로미터, 연면적 280제곱킬로미터에 이르는 지역이다. 오른쪽은 그곳을 명시한 국방부의 지도이다.

---

잡을 수도 없었다. 모두 삶의 터전에서 쫓겨나 급조된 '민통선 마을'로 강제 이주를 당하여 오랜 기간 천막생활을 해야 했다. 그때 차마 떠날 수 없어 거부하는 사람의 집은 중장비를 동원하여 부숴 버리기도 했다. 남북 대치 상황에서 '안보상 필요하다'는 게 이유였다. 결국 마을들은 얼마 지나지 않아 흔적조차 남지 않게 되었다. 농업을 하던 사람은 일부가 부근의 딴 곳에 새로 마을을 이루거나 나중에 출입이 허용된 지역에서 농사를 짓기도 했지만, 어업

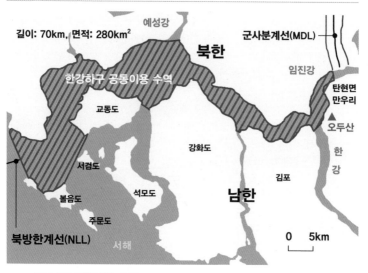

한강하구 공동이용 수역

「판문점선언 이행을 위한 군사 분야 합의서 해설자료」 28쪽(국방부 대북 정책관실 발행).

제3장 조강의 노을

을 하던 사람들은 생계를 이어갈 수 없어 뿔뿔이 흩어지고 말았다.

이리하여 한반도의 허리에서 교통과 산업, 역사와 문화의 중심지였던 조강은 아무도 들어가지 못하는 '텅 빈 강'이 되고, 그 유역은 북한과 대치하는 삼엄한 통제구역이 되어 한국인의 기억에서 지워져갔다. 조강은 남북 분단의 상처 그 자체가 되어 죽음과도 같은 정적에 빠져버린 것이다.

---

### 유도와 평화의 소

조강의 하류, 그 한 줄기가 염하로 나뉘는 어름의 강 한가운데에 작은 섬이 있다. 그 이름이 '유도留島'인데, 강물 따라 떠내려오던 땅덩어리 하나가 바다에 빠지지 않고 거기 머물렀다 하여 '머무루섬' 혹은 '머머리섬'이라고도 부르는 곳이다. 고려와 조선 시대에는 물때를 기다리던 조운선이 즐비하게 정박해 있었지만, 한국전쟁 이후에는 철책 너머에 있어 출입을 할 수 없게 된 섬이다.

1996년 7월, 이 섬을 살피던 남쪽 해병 초소의 망원경에 소 한 마리가 포착되었다. 홍수 때 북한 쪽에서 떠밀려 와 섬에 갇히게 된 모양이었다. 군인들은 계속 그 소를 살폈는데 먹지 못해 점점 야위어 가는 모습이 안쓰러웠다. 발목을 다치고 영양부족에 시달려 그대로 두고 볼 수 없었다.

그러나 남한 쪽의 생각만으로 되는 일이 아니었다. 서로 간의 합의 없이 조강 안으로 들어가는 것은 중대한 협정 위반이므로 북한군 측에 소를 살리고자 하는 뜻을 전달했다. 몇 차례 의사를 교환한 끝에 북한이 동의해, 1997년 1월 남한의 해병대가 출동하여 소를 구출했다.

남북이 협조하여 구출하였으므로 이 소는 '평화의 소'라고 불리었다. 김포 사람들의 보살핌을 받아 회복된 후 곧 상처가 낫고 살이 올랐다. 그 후 한국 땅 끝 제주도에서 사육하던 '통일의 소'와 짝지어져 2006년 죽기 전까지 7마리의 새끼를 낳았다. 그 자손을 '통진두레놀이'(무형문화재 제23호)의 두레소로 활용하여, 통일을 염원하는 뜻을 이어가고 있다.

---

썰물 때의 유도

〰️

　서울 서쪽에 북한 지역을 조망하는 곳이 세 군데 있다. 김포시 하성면 조강리와 가금리 경계의 애기봉 전망대, 파주시의 오두산 통일전망대, 인천시 강화군 양사면의 평화전망대가 그들인데, 모두 조강 연안에 있다. 그곳은 멀리서나마 북한 땅을 바라볼 수 있는 곳이요 명절 때면 실향민들이 한 서린 절을 올리는 곳이다.

　정전협정의 한강하구 조항을 만드는 데 참여한 유엔군은 이곳이 유럽의 다뉴브강처럼 여러 나라가 공동으로 이용하는 강이 되기를 바랐는지 모른다. 그러나 이 강은 '강물의 휴전선' '강물의 비무장지대'가 되고 말았다. 조강 유역을 평화지대로 만들고 공동으로 이용하기 위한 노력이 없지 않았다. 남북은 2007년 정상회담에서 '서해 평화협력 특별지대'를 설치하기로 하였으나 관계가 얼어붙으면서 진척을 보지 못했다. 2018년 판문점 선언 이행 사업 가운데 하나로 다시 추진되어 우선 70년 가까이 통행하지 않은 수로를 조사하여 해도까지 작성, 교환했으나 하노이 회담이 결렬됨에 따라 또다시 답보 상태에 빠졌다.

평화운동을 펼치는 시민단체와 철책에 둘러싸여 물길이 막힌 인천시, 김포시 당국은 '한강하구 평화의 배 띄우기' 'DMZ 평화인간띠잇기' 등의 행사를 벌이며 이러한 상태를 극복하고자 힘써왔다.

조강이 만남의 강이자 평화의 강, 나아가 공동 번영의 강이 될 날을 모두 간절히 기다리고 있다.

김포시 한강하구의 철책선 너머로 날아가는 쇠기러기 떼

　　　　　　　　　　　제3장 조강의 노을

## 1. 논문

경기연구원. 「한강하구 평화적 활용을 위한 경기도 주요과제 연구」. 『정책연구』. 2017.

_____. 「한강하구의 복원과 활용―경기도의 주요 과제」. 『이슈&진단』. 제342호. 2018.

김원모. 「병인일기의 연구」. 『사학지』 제17권. 단국사학회. 1983.

김일한. 「갇힌 평화와 조강의 공존: 경기도 민통선마을 주민들의 기억과 경험」. 『평화학연구』. 제18권 3호. 한국평화연구학회. 2017.

김종학. 「1876년 조일수호조규 체결과정의 재구성―『심행일기』와 몇 가지 미간문헌에 기초하여」. 『한국정치학회보』. 제51권 5호. 한국정치학회. 2017.

유창호. 「20세기 초 경기도 통진군 '보구곶'마을 사람들의 생활
　　　　양태」.『역사민속학』. 제40권. 한국역사민속학회. 2012.

이기복. 「조석·조간대의 인식과 어업민속의 전개―부안 연안지
　　　　역을 중심으로」. 고려대학교대학원 석사학위 논문. 2002.

_____ . 「물때를 통해 본 '민속과학'의 장기지속성」.『민속학연구』.
　　　　제12호. 국립민속박물관. 2003.

전종한. 「근대이행기 조강 연안의 포구 성쇠와 포구 네트워크」.
　　　　『대한지리학회지』. 제52권 2호. 대한지리학회. 2017.

최시한. 「다중매체 시대의 '이야기' 교육 ― 지역 역사문화 이야기
　　　　창작을 예로」.『제3회 국어교육학자대회 자료집』. 한국어
　　　　교육학회. 2019.

_____ . 「권덕규 지음 '조강 물참'에 대하여」.『서강인문논총』.
　　　　제54집. 서강대학교인문과학연구소. 2019.

## 2. 단행본

강만길.『고쳐 쓴 한국근대사』. 창비. 2004.

고동환.『한국 전근대 교통사』. 들녘. 2016.

국방군사연구소 편. 서인한 교열.『하거집·병인일기』. 국방군사
　　　　연구소. 2015. 비매품.

규장각한국학연구원 엮음. 『전란으로 읽는 조선—반란과 전쟁, 혁명이 바꾼 조선과 동아시아』. 글항아리. 2016.

김인기·조왕호. 『청소년을 위한 한국 근현대사—강화도조약에서 참여정부 탄핵 정국까지』. 두리미디어. 2006.

김진수 편저. 『고지도에 그려진 김포의 땅이름—고지도와 지형도 속에 나타난 김포지명 변천』. 김포문화원. 2014. 비매품.

김포군지편찬위원회. 『김포군지』. 1977. 비매품.

김포문화재단. 『김포의 미래, 포구에서 읽다』. 2016 김포문화재단 역사문화 학술대회 자료집. 2016. 비매품.

_____. 『김포시 역사문화자원 스토리텔링—조강, 애기봉, 덕포진, 문수산을 중심으로』. 2017. 비매품.

_____. 『김포 관방유적 이야기—김포 세번째 이야기』. 2018. 비매품.

김포시 공보관실. 『김포야 놀자』. 2018. 비매품.

김포시사편찬위원회 편. 『김포시사 Ⅰ』. 김포시. 2011.

박찬영·정호일. 『한국사를 보다 4—조선 下』. 리베르스쿨. 2011.

박천홍. 『매혹의 질주, 근대의 횡단—철도로 돌아본 근대의 풍경』. 산처럼. 2003.

_____. 『악령이 출몰하던 조선의 바다—서양과 조선의 만남』. 현실문화. 2008.

송호근. 『강화도—심행일기』. 나남출판. 2017.

신병주. 『이지함 평전』. 글항아리. 2008.

신헌. 김종학 옮김. 『심행일기―조선이 기록한 강화도조약』. 푸른역사. 2010.

안양대학교 강화캠퍼스 편. 『1871년 신미양요 사진집』. 강화군. 2014.

이규헌. 『사진으로 보는 독립운동 上』. 서문당. 2000.

이두호. 『만화 객주 1』. 바다출판사. 2015.

이문구. 『토정 이지함―이문구 전집 7』. 랜덤하우스중앙. 2004.

이상룡·이석. 『바다의 맥박 조석 이야기―조석으로 읽는 바닷가 풍경』. 지성사. 2008.

이시우. 『한강하구―정전협정의 틈, 유라시아로의 창』. 통일뉴스. 2008.

이이화. 『한국사 이야기 17―조선의 문을 두드리는 세계 열강』. 한길사. 2003.

_____ . 『한국사 이야기 19―오백년 왕국의 종말』. 한길사. 2003.

이하준. 『중봉 조헌과 그의 시대』. 공간미디어. 2010.

재단법인 민족문화추진회 편저. 『동문선 Ⅰ』. 재단법인 민족문화추진회. 1977.

재단법인 한울문화재연구소 편. 『김포의 옛 포구 종합학술조사』. 김포문화재단. 2016. 비매품.

최시한. 『스토리텔링, 어떻게 할 것인가』. 문학과지성사. 2015.

**참고 자료 목록**

＿＿＿＿ 외 6인. 『문화산업 시대의 스토리텔링—OSMU를 중심
　　　　으로』. 태학사. 2018.

충장공양헌수대장 기념사업회 편저. 『국역 하거집』. 충장공양헌
　　　　수대장 기념사업회. 2005. 비매품.

한중일3국공동역사편찬위원회. 『한중일이 함께 쓴 동아시아
　　　　근현대사 1~2』. 휴머니스트. 2012.

해양수산부 편. 『한국의 해양문화 2—서해해역』. 해양수산부.
　　　　2002.

## 3. 기사 및 사이트

권덕규. 「조강 물참」. 『매일신보』. 1935. 12. 6.

김이경. 「1876년 강화도 조약, 그 역사인식의 문제에 대하여」.
　　　　『현장언론 민플러스』. 2018. 6. 14.

김진수. 「조선왕조실록 타고 떠나는 '옛 김포여행'⑮: 진짜 '덕포
　　　　진'은 다른 곳에 있다」. 『김포미래신문』. 2008. 4. 26.

김하돈. 「김하돈 시인의 '경부운하 불가기행': 조강, 영원한 한반
　　　　도의 할아비 강」. 『한겨레신문』. 2008. 1. 31.

박경만. 「한강너머 3km 북녘땅엔 유행가 가락속 모내기 한창」.
　　　　『한겨레신문』. 2017 5 24

_____. 「'70년 미답의 강' 한강하구, 한반도 평화 마중물 될까」.
『한겨레신문』. 2019 10 19

박형숙. 「4. 김포의 옛 포구—조강포구」.『김포신문』. 2017. 3. 30.

_____. 「5. 김포의 여러 포구들 1」.『김포신문』. 2017. 4. 5.


김포문화재단. 〈애니메이션: 평화를 꿈꾸는 강, 김포 조강 이야기〉.
https://www.youtube.com/watch?v=jB8qIDnuIEw

이야기발전소 웹다큐멘터리. 〈조강: 평화를 위해 전쟁을 기록하다〉.
https://tv.kakao.com/channel/2876945cliplink/
376087637


공공누리. http://www.kogl.or.kr

서울대학교 규장각한국학연구원 지리지 종합정보.
http://kyujanggak.snu.ac.kr/geo/main/main.jsp

컬처링. https://www.culturing.kr

한국고전종합DB. http://db.itkc.or.kr

한국민족문화대백과사전. https://encykorea.aks.ac.kr

한국역사정보통합시스템. http://www.koreanhistory.or.kr

**그림 출처**

앞면지　『대동여지도』(서울대학교 규장각한국학연구원 제공)

20쪽　　나룻배 (국립중앙박물관 소장)

25쪽　　나루터 (이두호, 『만화 객주 1』, 바다출판사, 2015,
　　　　222~223쪽)

32쪽　　조강과 애기봉 (김포시청 제공)

37쪽　　(위)『각선도본』에 실린 조운선 도면 (서울대학교 규장각
　　　　한국학연구원 제공)
　　　　(아래) 조운선 재현 사진 (국립해양문화재연구소 제공)

45쪽　　조강포 유허비 (ⓒ 박경만, http://www.hani.co.kr/arti/
　　　　society/area/796070.html)

53쪽　　연미정 (문화재청 제공)

애기봉 전망대에서 바라본 조강과 북녘 땅